UN JARDIN NATUREL
2023
ET ABONDANT TOUTE L'ANNÉE

JARDINER AVEC LA LUNE EN BIODYNAMIE

Laurent Dreyfus

MABD Mouvement de l'agriculture biodynamique
ulmer

UN JARDIN NOURRICIER ET ABONDANT

L'objectif de la biodynamie est de produire des aliments de grande qualité nutritive pour les humains, tout en prenant soin de la Terre. Un fruit ou un légume biodynamique se doit d'avoir du goût. Il doit donner la sensation de véritablement nourrir, non seulement par une bonne composition en nutriments mais aussi et surtout, en comblant tous les sens. Le gourmand doit pouvoir y retrouver la force du terroir qui a vu pousser le fruit, la céréale ou le légume. On peut dire que la biodynamie nourrit le corps physique de l'homme, mais également son âme (le plaisir du goût, la sensation d'être vraiment nourri), et son esprit (la conscience de consommer un aliment issu d'un sol vivant, en équilibre, et qui a poussé sans faire appel à des engrais importés d'on ne sait où, un aliment qui s'est développé sans détruire son environnement).

Pour atteindre cet objectif qualitatif, la biodynamie attache une attention particulière à la vie du sol, de la plante et de l'écosystème. Elle propose des pratiques qui permettent aux plantes de trouver un équilibre avec leur sol nourricier et leur environnement. Le respect des rythmes cosmiques, c'est-à-dire de l'influence de Lune et les planètes sur les plantes, en fait partie. L'homme sait désormais comment atteindre des rendements importants, que ce soit en culture traditionnelle, avec force pesticides et engrais chimiques, ou en jardinage biologique (une étude de la FAO, l'Organisation des Nations unies pour l'alimentation et l'agriculture, démontre clairement que l'agriculture biologique peut nourrir la planète), mais **ce qui importe aujourd'hui est de produire de la qualité, tout en respectant la pérennité de la ressource**. Voilà l'objectif du jardinier biodynamique. Si la suppression des produits phytosanitaires et des engrais chimiques est un premier pas incontournable vers la création de jardins nourriciers, la biodynamie propose d'aller plus loin en stimulant les processus vivants, à la base d'une croissance saine des végétaux. Dans un contexte écologique de plus en plus problématique, la terre a besoin de se régénérer. Les préparations majeures de la biodynamie contribuent à redonner des forces au sol et à la plante.

Ce livre est un guide de culture en biodynamie, il a pour ambition d'aider le lecteur à progresser dans cette approche respectueuse des plantes. Pour cela, il faut bien comprendre sur quels fondements repose la biodynamie et quelles sont ses spécificités. En effet, faire son jardin nourricier avec la Lune ne dispense pas de tous les soins essentiels qu'il faut lui apporter par ailleurs : le sol doit être nourri, le compost bien mené, les rotations de culture respectées, les parasites et maladies régulés, sous peine de voir ses récoltes amputées ou anéanties…

OBSERVER LES PLANTES ET RESPECTER LES ÉQUILIBRES

On peut considérer le poète et scientifique allemand J.W. von Goethe (1749-1832), auteur (entre autres) du livre *La métamorphose des plantes*, comme le précurseur de la biodynamie, de par la manière dont il a posé les bases de l'observation des plantes. **De fait, la qualité de l'observation des plantes et de la nature est la première porte d'entrée pour comprendre la biodynamie.**

Par une observation très fine, sans *a priori* ni interprétation, Goethe a décrit le développement du végétal, les différentes phases de sa croissance, de la germination à la formation de la tige, des feuilles, des fleurs, du fruit jusqu'à sa mort. Pour qui a vécu au contact de la nature, ces facultés sont innées, mais pour les « rurbains » que nous sommes souvent devenus, il faut bien souvent réapprendre à observer, pour recréer ce lien. Avant même de se plonger dans les techniques culturales, il est important de prendre du temps pour observer les stades de développement de la plante et de son environnement : évolution des formes, des couleurs, des odeurs. Au cours de la croissance du végétal, on distingue deux phases bien distinctes :

- **La phase végétative** s'exprime par la formation des feuilles et des tiges, les parties dans lesquelles a lieu la photosynthèse, permettant la formation de matière vivante.

Durant cette phase, on observe une expansion des formes de la plante. On peut le constater par la taille des premières feuilles de plus en plus rondes et larges.
- **La phase générative** s'exprime par la floraison et mène à la fructification puis à la mort, précurseur de renouveau par la graine. Durant cette phase, on observe une contraction des formes de la plante. Chez les feuilles, plus on se rapproche de la floraison, plus il y a rétrécissement et affinement des formes.
En phase d'expansion ou en phase de contraction, les besoins du végétal sont différents. Les besoins en eau, en chaleur et en lumière évoluent durant le courant de la vie de la plante, il faut veiller à prendre en compte ces paramètres vitaux et à adapter son intervention.

L'art du jardinier consiste à comprendre ce qui se vit à chaque instant et à bien accompagner le déroulement de tous ces stades. L'approche phénologique qui est proposée dans ce calendrier vise précisément à vous guider dans ce travail d'observation (*cf.* p. 42). En étant attentif aux cycles des saisons et à l'évolution des plantes dans l'écosystème qu'est votre jardin, vous développerez une compréhension plus fine des phénomènes à l'œuvre, vous saurez de mieux en mieux quand et comment prendre soin de vos plantations. Noter chaque jour, au fil des mois, ce que vous observez autour de vous vous permettra, au fil du temps, de comprendre votre jardin, dans le contexte particulier de votre lieu de vie.

COMPRENDRE ET TENIR COMPTE DES QUATRE ÉLÉMENTS

La deuxième porte d'entrée de la biodynamie est le respect des équilibres entre les quatre éléments : Terre, Eau, Feu et Air.
Dès l'antiquité grecque, Aristote notamment décrit les qualités de ces éléments : le froid sec pour l'élément Terre, le froid humide pour l'élément Eau, le chaud sec pour l'élément Air-lumière et le chaud humide pour l'élément Chaleur. En biodynamie, nous considérons que pour réussir un compost, un semis, un repiquage, il faut trouver le juste équilibre entre ces quatre éléments. Une graine ne germera pas si on lui propose un sol froid (élément Chaleur) et sec (élément Eau) ou un sol asphyxié par le compactage (élément Air). Un fumier trop humide va évoluer vers la pourriture et non vers un humus (élément Terre) riche en substances minérales et vitales.
On appliquera les préparations biodynamiques en fonction du stade de développement de la plante, en tenant compte de ces quatre éléments.

LES RYTHMES COSMIQUES ET LA LUNE AU JARDIN

Le premier pilier de la biodynamie, le plus connu et qui est la trame de cet agenda biodynamique, est le travail avec les rythmes cosmiques, c'est-à-dire la prise en compte de l'influence de la Lune et des planètes sur la vie terrestre. En 1924, Rudolf Steiner a le premier montré le lien entre les êtres vivants et les rythmes cosmiques. Ehrenfried Pfeiffer, biologiste, puis Maria Thun après lui, ont approfondi cette réflexion. Maria Thun a créé le calendrier des semis dans les années 50. La plante grandit entre Terre et Ciel. Travailler en tenant compte des rythmes cosmiques, c'est impulser une dynamique qui contribue à donner aux plantes des forces qui vont leur permettre de mieux résister aux maladies et aux parasites. Quand un cycliste pédale, il va plus vite avec le vent dans le dos que vent de face, il en va de même avec la prise en compte de l'influence des rythmes cosmiques au jardin.

LA LUNE

L'influence de la Lune, ce satellite distant de la Terre de 400 000 km en moyenne, n'est plus à démontrer. Les chercheurs allemands Endres et Schad ont publié, en 1997 déjà, une synthèse de plusieurs centaines d'études consacrées à ce sujet. On y comprend l'influence de la Lune sur le vivant en général comme la croissance des arbres, la ponte des batraciens, la reproduction des huîtres et des oursins, l'activité des vers de terre, des anguilles, la reproduction des kangourous, des gnous, etc. Plus récemment, Ernst Zürcher, chercheur suisse à l'école polytechnique de Zürich, a publié ses travaux sur l'incidence des rythmes cosmiques sur les arbres (*Les Arbres, entre visible et invisible*, Éditions Actes Sud, 2016).
La Lune a un très grand nombre de rythmes, d'une durée proche d'1 mois, et tous décalés les uns par rapport aux autres. En conséquence, on ne peut quasiment jamais avoir deux situations exactement identiques de la Lune dans le ciel. Nous allons passer en revue les cinq principaux rythmes qui ont un impact sur la vie de la Terre.
Le jardinier qui souhaite intégrer les rythmes cosmiques à sa pratique peut adopter une démarche progressive en commençant par travailler avec la Lune en respectant les deux rythmes essentiels que sont le rythme sidéral

et le rythme tropique. En un simple coup d'œil dans le calendrier, le lecteur visualisera les caractéristiques de la journée et pourra se donner des priorités dans son travail en fonction du type de plantes de son jardin, selon que ce soit la racine, les feuilles, les fleurs ou le fruit que l'on récoltera.

Le rythme sidéral

Le rythme sidéral est le **passage de la Lune devant les douze constellations du zodiaque**, ce que le Soleil, lui, fait en 1 an : chaque fois que la Lune passe devant les constellations, elle transmet à la Terre la qualité de l'élément (Terre, Eau, Air-Lumière, Chaleur) de la constellation devant laquelle elle se trouve. Cet élément active chez la plante la formation de l'organe qui lui correspond. Nous pouvons donc, en choisissant le moment du semis, des soins et de la récolte, stimuler l'organe voulu en maintenant la vitalité et la santé de la plante. C'est une simple question d'organisation.
Il faut 27,3 jours à la Lune pour faire le tour des constellations.

Les plantes cultivées sont classées en quatre groupes en fonction des parties qui sont consommées :

Les plantes-racine sont les plantes dont nous utilisons la racine : pommes de terre, ail, oignon, échalote, carotte, panais, radis, betterave rouge, radis noir, scorsonère, salsifis, céleri, navet, persil tubéreux. Les plantes-racine sont à semer, soigner et récolter aux dates-racine (passage de la Lune devant les constellations du Taureau, de la Vierge ou du Capricorne).

Les plantes-feuille sont les plantes dont nous utilisons les feuilles : endive, mâche, fenouil, la plupart des variétés de chou (y compris le chou-rave et le chou-fleur), laitue pommée, blette, asperges, épinards, le poireau, toutes les herbes aromatiques (persil, ciboulette, aneth, thym, etc.), la pelouse avec ses variétés diverses. Les plantes-feuille sont à semer, soigner et récolter aux dates-feuille (constellations du Scorpion, du Cancer, des Poissons).

Les différentes rotations

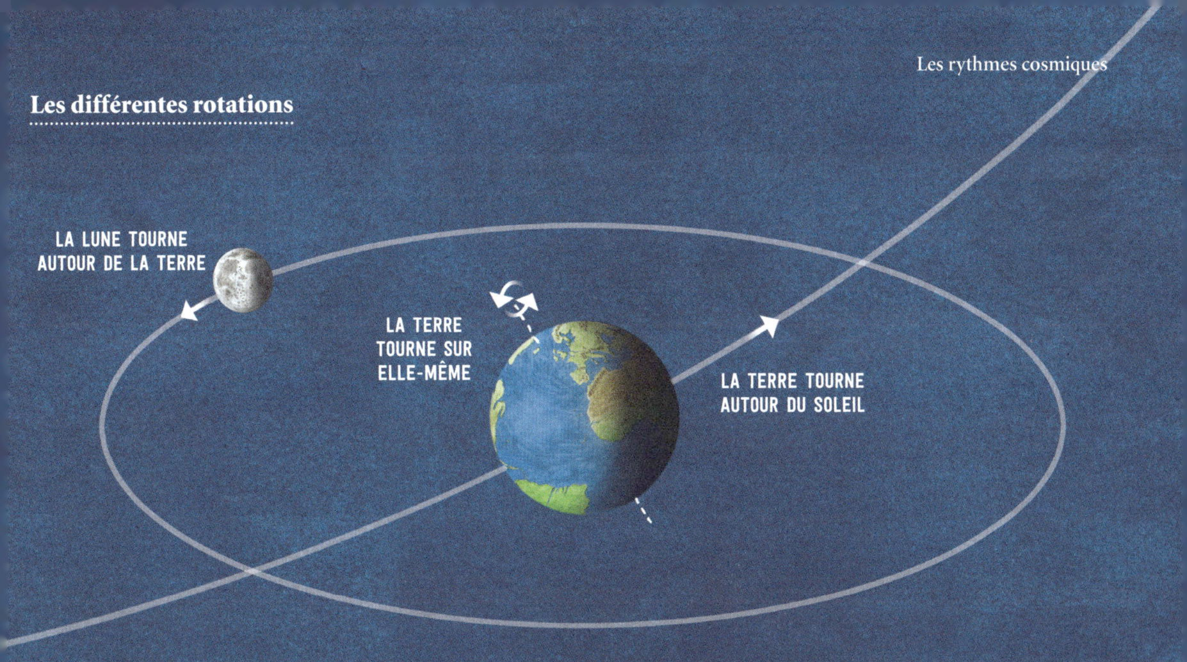

Le rythme sidéral

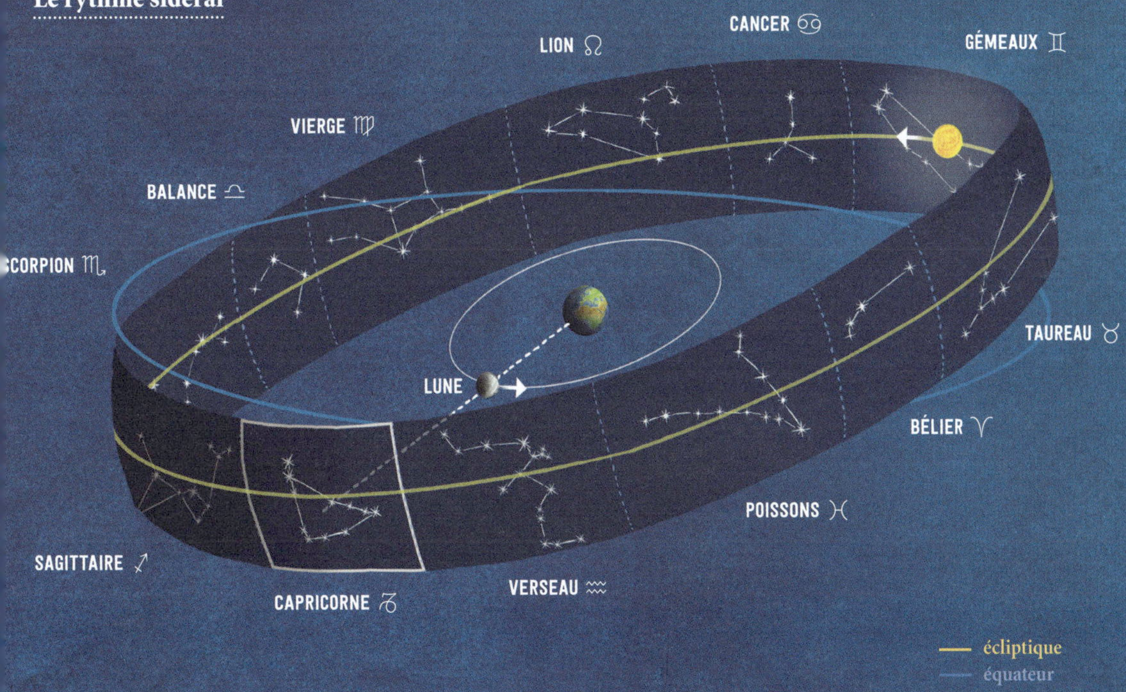

Familles de plantes et constellations

Le jardinier averti évitera de cultiver les tomates, les pommes de terre et tout fruit ou légume sensible aux maladies cryptogamiques un jour-feuille qui stimule l'élément Eau. Il en va de même en herboristerie, car les plantes sécheront plus difficilement un jour-feuille qui stimule cette humidité.

Les plantes-fleur sont les plantes dont on veut obtenir de nombreuses fleurs et une longue période de floraison : bulbes, fleurs médicinales, fleurs d'été, fleurs vivaces, arbustes fleuris, mais aussi le brocoli. Les plantes fleur sont à semer, soigner et récolter aux dates-fleur (constellations de la Balance, des Gémeaux, du Verseau).

Les plantes-fruit sont les plantes dont nous utilisons le fruit : haricots, pois, céréales, concombres, courges, lentilles, maïs, poivrons, riz, soja, tomates et courgettes, auxquels s'ajoutent tous les arbres et arbustes fruitiers ainsi que les fraises. Les jours-fruit sont à privilégier pour tous les travaux sur ces plantes (constellation du Bélier, du Lion, du Sagittaire).
Les meilleures dates pour la récolte des plantesfruit sont les jours-fruit qui favorisent la qualité de la conservation. Pour les fruits à conserver, on choisira une période de Lune ascendante. Le jardinier s'abstiendra de semer, de planter ou de biner une salade en jour-fruit pour éviter de précipiter la montée à graines, sachant qu'on cherche plutôt à consommer de belles feuilles.

Le rythme tropique, Lune montante et descendante

Vue de la Terre, **la Lune monte – « printemps lunaire » – et descend – « automne lunaire »** – sur l'horizon au cours de sa rotation mensuelle. Ce rythme de 27,3 jours est quasiment de même durée que le rythme sidéral. D'un soir à l'autre, la Lune est soit plus haute soit plus basse dans le ciel que la veille. Ce mouvement induit une force qui pousse les plantes soit à s'élever, soit à former des racines.
Pour le jardinier, **la période de Lune descendante est très favorable aux plantations, au travail du sol (labour, bêchage) et à l'enfouissement des matières organiques. Pour les greffages et la récolte des fruits, la période de Lune montante est plus appropriée.**
En Lune montante ou ascendante, la montée de sève est plus forte. Cette période est favorable pour couper les greffons et pour greffer. On peut encore accroître cette influence en choisissant des jours-fruit pour les plantes-fruit et des jours-fleur pour les plantes-fleur. Les fruits récoltés durant cette période restent frais et juteux plus longtemps. Cette période est également favorable pour couper les sapins de Noël qui conservent leurs aiguilles plus longtemps.
En Lune descendante, la montée de sève dans les plantes est réduite et la formation des racines stimulée. Cette période descendante est appelée période de plantation. Elle est favorable pour les repiquages, les plantations, le rempotage, l'incorporation des matières organiques (compost, engrais verts…) dans le sol. En arboriculture, cette période est conseillée pour la taille des arbres, des haies, des pieds de vigne, et l'abattage du bois d'œuvre.

Il est possible d'accroître encore ces effets favorables en choisissant de surcroît les jours correspondant à l'organe de la plante que l'on veut favoriser (racine, feuille, fruit, fleur). On parvient ainsi à stimuler le type de fructification en plus du renforcement de l'enracinement.

Le rythme draconitique, les nœuds lunaires

Deux fois par mois, la Lune coupe le plan de l'écliptique qui est le plan dans lequel le Soleil décrit sa trajectoire apparente autour de la Terre ; une fois en montant – c'est le **nœud ascendant** –, une fois en descendant – c'est le **nœud descendant**. Ce rythme est d'environ 27,2 jours.
Pour le jardinier, ces nœuds lunaires sont des périodes défavorables qui durent environ **6 à 8 heures** et durant lesquelles il vaut mieux s'abstenir d'intervenir au jardin. Lorsqu'on se trouve obligé, pour diverses raisons, de semer à des périodes défavorables, on peut alors sarcler à des dates favorables et ainsi compenser la première impulsion.
Il en va de même avec les planètes. Quand une planète rencontre la trajectoire du Soleil, la période est également néfaste, mieux vaut s'abstenir de jardiner et prendre patience (qualité nécessaire a tout bon jardinier).

Le rythme anomalistique, apogées et périgées

La Lune, dans sa rotation mensuelle autour de la Terre, ne décrit pas un cercle mais une ellipse. Une fois, elle passe au plus près de la Terre, à son **périgée** (à 356 400 km) et, 14 jours plus tard, elle passe au point le plus éloigné de la Terre, à son **apogée** (à 406 700 km). Ce rythme est d'environ 27,55 jours.
Pour le jardinier, le périgée est une période défavorable au jardin qui dure 24 heures. La Lune au périgée, proche de la Terre, donne une impulsion de l'élément Eau très forte qui peut générer l'apparition de champignons, de maladies. Cependant, en été durant des périodes sèches, cette tendance est bien sûr moins problématique.

Le rythme synodique, Lune croissante et décroissante

C'est le rythme de Lune croissante décroissante, de la **nouvelle Lune** (quand le Soleil est derrière la Lune vu de la Terre, la Lune est donc invisible) à la pleine Lune (le Soleil, opposé à la Lune, l'éclaire : c'est la pleine Lune). Ce rythme, qui dure 29,5 jours environ, est le plus apparent dans le ciel. C'est la période séparant deux phases d'éclairage identiques de la Lune par le Soleil. De la nouvelle Lune à la pleine Lune, son croissant grossit, c'est la période de **Lune croissante** ou **jeune Lune**. Pendant les 15 jours suivants, de la pleine Lune à la nouvelle Lune, le croissant décroît, c'est la période de Lune décroissante ou vieille Lune. Il contribue au mouvement des marées, il influence également la croissance des arbres (*cf.* les travaux d'Ernst Zurcher cités précédemment), la ponte des batraciens, etc., mais il a une influence moindre sur les plantes. Par contre, les semis effectués **2-3 jours** avant la pleine Lune germent rapidement et donnent de bons rendements, mais avec un risque de maladies accru. Cela dit, ce n'est pas le rythme le plus utilisé au jardin.

Le rythme tropique

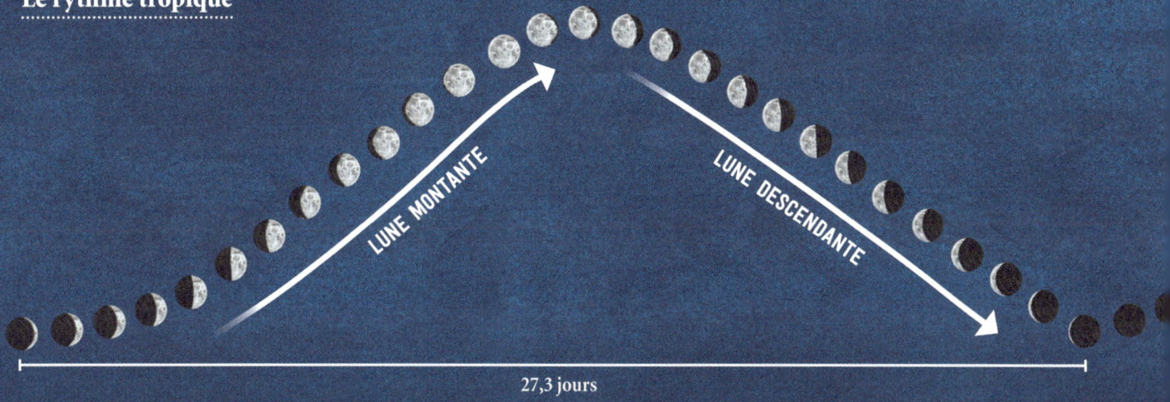

Le rythme draconitique

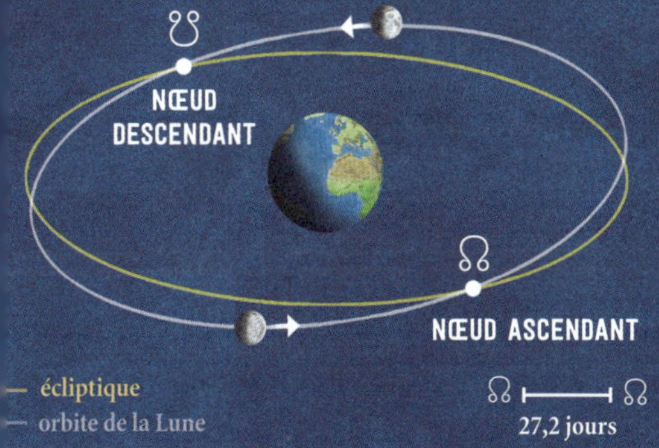

Le rythme anomalistique

Le rythme synodique

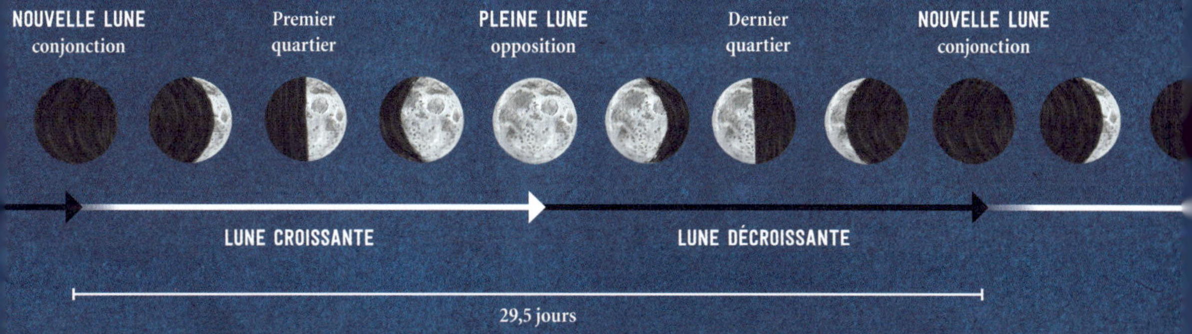

LE SOLEIL

Sans la lumière et la chaleur du Soleil, la nature et l'homme n'existeraient tout simplement pas. Il ne faudrait pas oublier que le travail avec les rythmes commence par les rythmes quotidien et annuel du Soleil. Les plantes réagissent aux saisons, à la durée du jour et aux mouvements de diminution ou d'augmentation de la durée du jour qui impulsent la dynamique de croissance des végétaux. La plupart des plantes germent au printemps, fleurissent en été et forment des fruits et des graines à l'automne. Le soleil monte dans le ciel jusqu'au solstice d'été pour descendre jusqu'au solstice d'hiver. Le jardinier doit en tenir compte, en particulier au moment du semis et du choix des variétés de graines.

On peut comparer le rythme solaire à une respiration : la terre « expire » le matin et au printemps, elle « inspire » le soir et à l'automne. Cette observation nous indique une logique à suivre. Les plantations gagnent ainsi par exemple à être programmées en soirée quand la terre inspire, l'humidité descend vers le sol et la dynamique entraîne les racines vers le bas. Au printemps et à l'automne, la variation de la durée du jour est importante, contrairement à l'été et à l'hiver où le mouvement se ralentit. Ce n'est pas sans conséquences sur la végétation.

N'OUBLIONS PAS LES AUTRES PLANÈTES

Certaines configurations astronomiques peuvent avoir davantage d'impact sur le vivant que les positions de la Lune.

Vénus et Mercure, par exemple, les planètes les plus proches de la Terre, agissent sur la reproduction des plantes par l'intermédiaire du calcaire, tandis que les planètes lointaines, Mars, Saturne et Jupiter agissent sur la qualité alimentaire des plantes par le biais de la silice. On retrouvera l'importance de la silice au chapitre consacré aux préparations biodynamiques. On constate dans ce partage des tâches que certaines planètes vont influencer la plante par le sol et d'autre part sa partie aérienne. Ce ne sont pas des substances qui sont en action mais des forces qui vont agir dans la plante. On sait que la sève brute circule dans la plante non pas de manière verticale vers le haut, mais dans un mouvement hélicoïdal, à l'image de la danse des planètes qui génère des boucles, des courbes qu'on peut mettre en lien avec les mouvements internes des plantes. Les arbres sont liés à des planètes bien précises comme le chêne à Mars, les conifères à Saturne et il est utile de connaître leurs positions pour les plantations.

Les trigones, les nœuds planétaires et les occultations sont les phénomènes les plus impactant. Ce sont des situations peu fréquentes qui ne présentent pas de caractère régulier et rythmique, mais dont l'influence doit être prise en compte.

Les **trigones planétaires** (△) génèrent une impulsion liée au positionnement de deux planètes devant des constellations de même élément avec un angle de 120° (le tiers des 360° du cercle, d'où le terme de trigone) avec la Terre au centre. Deux planètes dans un angle de 120° devant deux constellations du zodiaque de Chaleur donneront une impulsion

Les planètes dans le système solaire

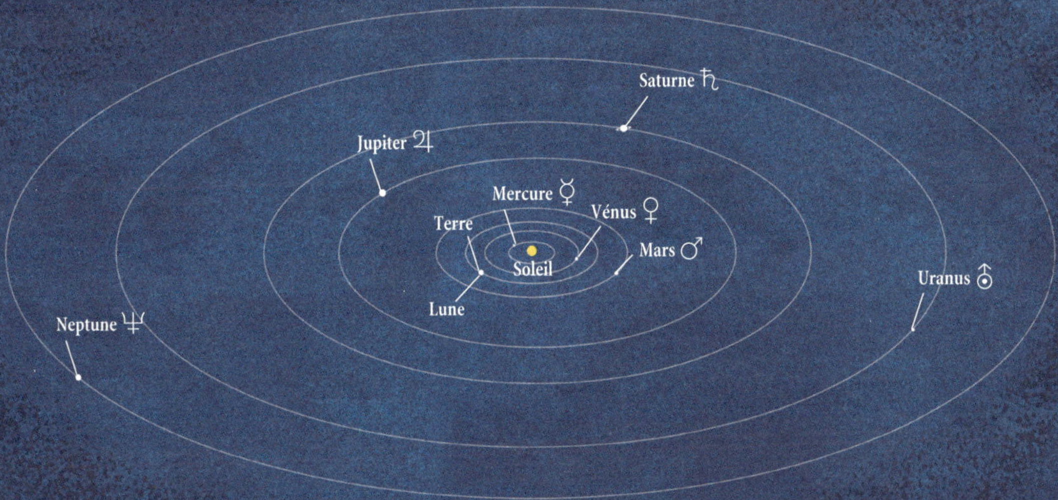

Position du soleil dans le ciel aux différentes saisons

fruit dans le calendrier durant quelques heures, même si la Lune passe devant une constellation liée à un autre élément.

Les **nœuds planétaires** (quand la trajectoire d'une planète coupe celle du Soleil) ont également un **impact négatif,** aussi puissant que celui des nœuds lunaires. Ce sont souvent des périodes défavorables signalées comme telles dans le calendrier.

Les occultations (☌)
Si le Soleil ou la Lune entre en conjonction avec une autre planète, c'est-à-dire que, vue de la Terre, la planète est cachée derrière le Soleil ou la Lune, alors, on dit que cette planète est « occultée ». L'occultation est une conjonction renforcée qui est l'équivalent d'une éclipse partielle ou totale. Ces occultations entraînent systématiquement une période défavorable au jardin.

Il faut bien entendu rappeler que même si l'utilisation des rythmes cosmiques est importante dans la réussite des cultures et que c'est un atout supplémentaire au jardin, le pragmatisme doit régner dans des circonstances climatiques difficiles. Quand le jardin est inaccessible durant des périodes très humides et froides, il faut savoir saisir le bon moment, la rare fenêtre d'action quelle que soit l'influence cosmique, pour planter ou semer, sous peine de ne plus pouvoir cultiver une espèce. Le jardinier pourra toujours se rattraper en donnant la bonne impulsion au moment d'un buttage, d'un sarclage ou d'un binage.

LA LUNE, LES RÉCOLTES, LE STOCKAGE ET LES TRANSFORMATIONS (FERMENTATIONS, VIN, PRODUITS LAITIERS)

La Lune influence la qualité de conservation des fruits et légumes mais aussi celles des transformations. **Que ce soit pour la récolte, le stockage ou la transformation de fruits et de légumes, il est recommandé d'éviter les dates défavorables, nœuds lunaires ou planétaires, ainsi que les jours-feuille**.
Il en va de même pour la fabrication de jus, de gelées, de confitures et de fruits secs, de légumes lacto-fermentés. Les sirops ont tendance à moisir rapidement si on a récolté les fruits à des dates défavorables. Il est également conseillé d'éviter ces dates pour cueillir des fleurs et des feuilles pour les tisanes, car leur arôme sera bien moins intense. Les moments les plus favorables pour toutes les récoltes et préparations sont les jours-fleur et fruit.
Pour la consommation immédiate, on récoltera les légumes du jardin le plus frais et le plus près possible de l'heure des repas.
Pour la conservation des légumes pour l'hiver, il est conseillé de faire la récolte dans le respect des rythmes cosmiques :

- **les légumes-racine,** récoltés en jour-racine, restent frais plus longtemps,
- **les fruits** cueillis en jour-fruit se conservent mieux,
- **les plantes aromatiques** cueillies en jour-fleur développent mieux leurs arômes et conservent plus longtemps l'éclat de leurs couleurs.

Au-delà de nos récoltes et de leurs modes de transformations, la Lune influence aussi les micro-organismes qui opèrent lors des processus de fermentation.

La Lune et les produits laitiers

Pour fabriquer du beurre ou du fromage de qualité, il vaut mieux éviter, autant que possible, les dates défavorables. Le lait trait aux dates-fruit donne de plus grandes quantités de beurre. C'est le cas aussi pour les jours à tendance orageuse. Les jours de périgée lunaire sont presque toujours défavorables à la transformation du lait et les yaourts ne réussissent pas. Les ferments faits maison ont tendance à se décomposer, de sorte qu'il vaut mieux en préparer des quantités doubles la veille. **Les dates-fleur et fruit conviennent le mieux, les dates-feuille (Eau) sont à éviter.**

La Lune et le pain

Le pain fait en jour-feuille ne lève pas bien, la pâte s'étale plus, le pain n'a pas très bon goût et s'avère moins digeste. Il est bien plus digeste quand il est fait pendant les dates les plus favorables pour la préparation et la cuisson du pain, à savoir les jours Lumière et Chaleur. Les périgées, les nœuds et les éclipses sont à éviter aussi.

La Lune, le vin et les jus

Comme dans tout processus où les micro-organismes et les levures sont en jeu, les rythmes cosmiques sont influents. Les viticulteurs ont constaté que les moments de forts coefficients de marée favorisent la multiplication des levures. Pour tous les travaux en cave et jusqu'à la mise en bouteille, les conseils donnés précédemment peuvent être respectés.
Les jours-fleur et fruit sont à privilégier et les jours-feuille comme les jours défavorables à respecter. En effet, les viticulteurs ont fait le constat que la mise en bouteille les jours-fruit et fleur donne de meilleurs arômes au vin. La richesse en sucres est supérieure quand les travaux sont effectués en jours-fruit. La conservation des jus est également améliorée. Les jours-feuille sont à éviter.

Récolte de pommes.

LA LUNE ET LES ABEILLES

Pourquoi les abeilles ne seraient-elles pas sensibles, elles aussi, à la Lune ? Voici quelques constats réalisés par des apiculteurs biodynamistes, bien utiles pour qui possède quelques ruches dans son jardin nourricier.

Favoriser l'action ciblée des forces cosmiques

L'essaim vit isolé du monde extérieur dans le panier ou la ruche. Pour mieux se protéger de toute influence néfaste, les abeilles tapissent la ruche de propolis. Seules les butineuses assurent le lien direct avec l'environnement. Si l'apiculteur souhaite faire bénéficier l'ensemble des abeilles des forces cosmiques, il doit créer des conditions qui rappellent celles que l'agriculteur ou le jardinier offre aux plantes. Ces derniers, en travaillant le sol, font en sorte que les forces cosmiques puissent y pénétrer et profiter aux plantes jusqu'au prochain travail du sol. Quand on ouvre la ruche, on détruit la couche de propolis, ce qui crée une sorte de chaos à travers lequel les forces cosmiques trouvent accès à l'essaim. Elles peuvent alors agir jusqu'à la prochaine ouverture de la ruche.

L'apiculteur peut ainsi favoriser de manière ciblée l'action souhaitée des forces cosmiques. À chaque intervention dans la ruche, on donne l'impulsion de forces cosmiques différentes. L'apiculteur peut ainsi choisir consciemment le jour de son intervention selon les jours favorables au développement de l'essaim, à la récolte de nectar et de pollen et aussi à leur transformation, donc à la qualité et à la quantité de la production. Voici quelques préconisations :

- Les soins donnés les **jours-fleur** (élément Lumière) stimuleront la ponte et soutiendront ainsi le développement de la colonie.
- Les interventions aux **dates-fruit** (élément Chaleur) augmentent la production de miel.
- **Il faut éviter les dates-feuille** (élément Eau) pour les soins, la récolte et l'extraction du miel.
- Pour favoriser la construction des colonies, on conseille les **jours-racine** (élément Terre).

Pour lutter contre les varroas qui se sont répandus dans la plupart des ruchers européens depuis les années 70, Maria Thun a fait des essais de traitements à partir de leurs cendres. Elle recommande d'incinérer le varroa, de triturer (dynamiser) la cendre obtenue pendant 1 heure et d'en saupoudrer finement les espaces entre les cadres quand le Soleil et la Lune se trouvent devant la constellation du Taureau. Ce traitement doit être fait avant fin novembre.

Le nourrissage des abeilles

En vue de l'hivernage, les apiculteurs biodynamistes recommandent des tisanes de plantes qui ont fait leurs preuves pour entretenir la bonne santé des colonies. **Les infusions d'achillée millefeuille, de camomille matricaire, de pissenlit et de valériane sont particulièrement bénéfiques (versez de l'eau bouillante sur les fleurs, faites infuser pendant 15 minutes, puis filtrez). Les décoctions d'ortie, de prêle des champs et d'écorce de chêne sont elles aussi, très efficaces**. Plongez les plantes dans l'eau froide et portez à ébullition. Laissez infuser 10 minutes, puis filtrez. Ces tisanes

Tâches des abeilles favorisées en fonction des constellations

Constellation	Symbole	Plante	Élément	Temps	Abeille
Poissons	♒	🍃	Eau	Humide	Prép. de miel
Bélier	♈	🍅	Feu-Chaleur	Chaud	Quête de nectar
Taureau	♉	🫜	Terre	Frais-Froid	Construction
Gémeaux	♊	🌼	Air-Lumière	Clair-Aéré	Quête de pollen
Cancer	♋	🍃	Eau	Humide	Prép. de miel
Lion	♌	🍅	Feu-Chaleur	Chaud	Quête de nectar
Vierge	♍	🫜	Terre	Frais-froid	Construction
Balance	♎	🌼	Air-Lumière	Clair-Aéré	Quête de pollen
Scorpion	♏	🍃	Eau	Humide	Prép. de miel
Sagittaire	♐	🍅	Feu-Chaleur	Chaud	Quête de nectar
Capricorne	♉	🫜	Terre	Frais-froid	Construction
Verseau	♑	🌼	Air-Lumière	Clair-Aéré	Quête de pollen

et décoctions sont ajoutées au liquide nutritif fourni aux abeilles dans les proportions suivantes : 3 g de chaque plante sèche dans ½ l d'eau. La tisane sera ajoutée à 100 l de sirop nutritif. Ces préparations sont particulièrement bénéfiques quand l'année se termine par une quête de miellat.

La création d'un nouvel essaim

Chaque apiculteur qui place ses colonies dans la forêt ou dans un verger devrait posséder une poche servant à capturer les essaims. Équipé de cette poche et d'un bâton télescopique, on parvient à accéder à quasiment tous les emplacements pour capturer un essaim qui ne serait accessible qu'au moyen de constructions extravagantes.
On laisse le mécanisme de la poche ouvert sous l'essaim et on tape contre la branche sur laquelle est fixé l'essaim. Ce dernier tombe alors dans la poche que l'on ferme avec une cordelette et l'affaire est réglée.
Les éleveurs de reines ne trouveront des dates favorables pour le transfert des larves qu'à partir de juillet. Si l'on veut débuter plus tôt l'élevage, il faudrait utiliser les jours-fleur. Les jeunes reines fécondées issues des élevages de juillet devraient être introduites dans les essaims artificiels afin de renouveler les colonies, car de jeunes reines arrivant si tardivement seront plus sensibles aux maladies l'année suivante.

LA LUNE ET NOUS

Nul ne contestera que la dynamique des jours dont la longueur augmente au printemps influe différemment sur nos états d'âme que la dynamique des jours qui diminuent à l'automne. L'être humain retrouve un élan d'énergie et l'enthousiasme de retrouver son jardin, alors qu'il se retire dans des activités plus intérieures à l'automne, tournées vers la lecture, le repos et la méditation. Ces différences concernent aussi le rythme quotidien, même si certains sont plutôt du matin et d'autres du soir.
Les plantes et les animaux sont davantage soumis aux influences du Cosmos, de par notamment leur exposition permanente à leur environnement. Cela dit, l'être humain ressent également les influences des mouvements planétaires, même si ces influences sont de plus en plus subtiles et probablement très différentes selon les tempéraments. Les enfants sont de nos jours plus en contact avec des jeux électroniques ou de tablettes qu'avec la nature, ce qui les éloigne forcément des rythmes naturels. Pour autant, il est intéressant d'observer ces subtiles différences dans le

comportement des enfants en fonction des caractéristiques du positionnement de la Lune devant les constellations.

L'influence de la Lune sur les hommes suppose une certaine finesse d'observation, plus de subtilité, une sensibilité à cultiver au quotidien. Une enseignante néerlandaise, Barbara Goletz, a voulu observer l'impact des rythmes cosmiques sur ses élèves (*Lernfähigkeit im Zusammenhang mit kosmichen Rythmen : Beobachtungen einer Lehrerin*, Meister Verlag, 1984, non traduit en français). Ses expériences montrent des différences notoires de comportement chez les enfants selon la position de la Lune devant les constellations. **En jour-racine, les enfants sont plus éveillés, concentrés. Les matières techniques et scientifiques sont favorisées. En jour-fleur, c'est la créativité et l'imagination qui prédomine. Les activités artistiques sont facilitées. En jour-feuille, la concentration fait défaut.** On conseillerait à un adulte une petite tasse de café pour ne pas s'égarer dans les rêves. La réflexion est rendue plus difficile. **Les jours-fruit sont harmonieux, les enfants sont plus équilibrés dans les activités intellectuelles et manuelles.** Ils sont enthousiastes et respectueux des autres.

Bouse de corne
prête à être enterrée.

LES PRÉPARATIONS ET LES SOINS APPORTÉS AUX PLANTES

Le deuxième pilier de la biodynamie est l'application de préparations pour le sol, pour la plante et pour le compost. La plante poussant entre Terre et Ciel, le sol doit être vivant, et la plante doit pouvoir se relier aux forces du Cosmos, en particulier au Soleil par l'intermédiaire de la photosynthèse. Les préparations biodynamiques sont des outils indispensables pour avoir un jardin nourricier en bonne santé.

LES DEUX PRÉPARATIONS BIODYNAMIQUES DE BASE

Utiliser les préparations biodynamiques est une démarche totalement différente de celle sur laquelle repose l'agriculture classique, qui réalise des apports directs de matières minérales comme l'azote, le phosphore et la potasse (N, P, K) selon des besoins supposés de la plante et préalablement calculés. Sous perfusion, la plante ne fait pas l'effort de chercher son aliment. Faute d'apports, elle devient chétive, sans vitalité, elle est fragilisée. L'agriculteur en biodynamie considère qu'il faut **créer les bonnes conditions environnementales pour que la plante trouve elle-même dans son milieu les éléments qui lui sont nécessaires.** Les préparations biodynamiques induisent et soutiennent la plante. Elle est alors encouragée dans son autogestion.

La bouse de corne

La bouse de corne est élaborée à partir de bouse de vache. On remplit une corne de vache adulte (elle a une forme spiralée) avec de la bouse de vache de bonne qualité. Cette corne est enterrée à l'automne dans un sol riche et tout l'hiver durant. Au printemps, la corne est déterrée. La bouse s'est transformée en une substance proche de l'humus. C'est un véritable modèle de matière organique stable pour le sol, comme l'est le levain pour le pain. Cette préparation dynamise les processus de vie du sol en favorisant sa structuration et la vie microbienne, donc une bonne relation de la plante avec les forces terrestres grâce aux racines. Elle stimule la formation de l'humus : les plantes vont développer plus de racines et ainsi mieux approvisionner leurs parties supérieures.

- Où l'utiliser ? Sur le sol.
- Quand l'utiliser ? Elle est pulvérisée le soir, de préférence avant les semis de printemps, à la reprise des terres, et si possible à l'automne avant le repos hivernal. On utilise aussi la bouse de corne avant les repiquages.
- En quelles quantités ? Une portion de 25 g dynamisée pendant 1 heure permet de traiter environ 25 ares.

La silice de corne

La silice de corne est la préparation essentielle pour améliorer la qualité des fruits et légumes de votre jardin. De plus, elle augmente la résistance aux maladies de la plante en lui conférant équilibre et vigueur grâce à son action sur la chaleur et la lumière (elle renforce l'influence de la photosynthèse). Elle donne souplesse et solidité aux végétaux. Comme dans la fable de La Fontaine, Le chêne et le roseau, la plante, comme le roseau pourrait dire « Je plie et ne romps pas ».
L'oxyde de silicium (SiO_2) est le constituant principal de l´écorce terrestre (47 %). Dans sa forme la plus pure, il laisse passer la lumière. La silice est présente dans les organismes vivants partout où il faut permettre des échanges avec l'environnement, (la peau, les yeux, etc.). On la trouve dans le sable, dans l´argile. La préparation de silice de corne est mise en œuvre à partir d'une roche, le quartz, qui est broyée finement, introduite dans une corne de vache (comme la préparation de bouse de corne) et enterrée durant l'été, emmagasinant ainsi les forces estivales de la terre.

Silice broyée et humidifiée puis mise en corne.

- Où l'utiliser ? Sous forme colloïdale, le silicium peut être absorbé par la plante. La silice se pulvérise sur les plantes déjà bien développées pour favoriser les parties aériennes des végétaux. Elle agit aussi intensément sur la maturation et la conservation des fruits et légumes.
- Quand l'utiliser ? La silice de corne se pulvérise tôt le matin, au lever du soleil, il faut donc l'avoir dynamisée 1 heure auparavant. On la pulvérise sur les plantes quand leur développement est déjà bien avancé et pour favoriser la maturation des fruits.
- En quelles quantités ? Une pointe de couteau, soit environ 1 g de silice de corne brassée 1 heure dans 5 à 10 litres d'eau, suffit pour 25 à 50 ares de surface cultivée. Les proportions sont homéopathiques, mais les sceptiques expérimenteront une pulvérisation de silice de corne en fin de matinée, une chaude journée sur de jeunes pousses de salade et observeront le résultat pour en constater les effets.

Comment dynamiser une préparation ?

La bouse de corne et la silice de corne demandent chacune une dynamisation **d'1 heure avant** d'être épandue. La dynamisation a pour rôle d'oxygéner et de vivifier la substance. Une heure que le jardinier pourra mettre à profit pour prendre un peu de recul sur son quotidien. Ces deux préparations s'utilisent dès la dynamisation terminée ou dans les 3 heures maximum après la dynamisation.
Utilisez un seau conique de préférence, d'une contenance de 15 à 20 litres environ. Remplissez-le d'eau tiédie de bonne qualité (l'eau de pluie est la meilleure, évitez les eaux javellisées du réseau, les eaux calcaires ou trop minéralisées), sélectionnez un bâton pour tourner.
Tournez la préparation jusqu'à obtenir un tourbillon qui atteint le fond du seau, puis alternez le sens du brassage.

Dynamisation d'une préparation de silice de corne.

Bien épandre une préparation

Pour l'épandage, servez-vous d'un pulvérisateur que vous réserverez uniquement aux préparations biodynamiques. Il ne doit pas contenir de résidus de produits phytosanitaires. Pour épandre la bouse de corne, une balayette fait l'affaire, car la pulvérisation se fait en grosses gouttes, contrairement à la silice de corne pour laquelle il faut obtenir une brumisation.

LE COMPOST BIODYNAMIQUE

Dans la nature, l'homme peut procéder à des cueillettes sans que ces prélèvements n'épuisent le sol ou la plante (s'il ne prélève qu'une partie des plantes sauvages disponibles et qu'il laisse suffisamment de plantes à même d'assurer la pérennité de l'espèce). **Il en va tout autrement d'un potager. La plante cultivée, pour se développer correctement, a besoin d'un sol bien structuré et riche en éléments minéraux. La meilleure fertilisation pour les plantes est la fertilisation organique.** La biodynamie se distingue ainsi de la culture conventionnelle qui privilégie les engrais minéraux chimiques, solubles, donc directement absorbés par les plantes sans passer par le sol.

L'importance du compost

Le compost est le meilleur amendement organique. Il n'a que des avantages, au-delà du fait qu'il permet le recyclage des déchets ménagers et des déchets de cuisine

(uniquement organiques bien sûr, évitez le plastique, les métaux, le verre, etc.). L'apport de compost reconstitue le stock d'humus du sol, ce qui présente l'immense avantage de stabiliser la structure du sol, de réguler l'eau dans le sol (ce qui évite les lessivages et limite notamment les arrosages). Enfin, l'épandage de compost offre les précieux éléments minéraux dont la plante a besoin pour sa croissance : l'azote, le phosphore, la potasse et de nombreux oligoéléments. Par rapport à un simple fumier, le fumier composté contient en moyenne pour un même poids et une même humidité :
+ 58 % d'azote total, + 43 % de phosphore, + 64 % de potassium, + 74 % de magnésium, + 73 % de calcium.

Construire un tas de compost

Il ne s'agit pas d'entasser pêle-mêle un tas de fumier et de déchets végétaux, mais de construire un tas ordonné et bien formé, tout en y incorporant des préparations biodynamiques afin d'obtenir un humus de composition stable et durable.
L'objectif est de permettre l'alternance des phases de déconstruction et de reconstruction de la matière organique.
C'est cette dynamique qui est favorisée par les plantes des préparations utilisées.
Le compost aura, dès lors, un rôle de ferment, de « modèle » pour le sol et la plante.
L'aire de compostage devrait de préférence toujours rester au même endroit, si possible à l'ombre d'une haie de noisetiers, de sureau, de forsythia ou encore, de cotonéaster.
On peut utiliser ou fabriquer soi-même un silo à compost : la technique reste la même.

En haut, apport de jus de valériane. En bas, introduction de boulettes de préparations biodynamiques (*cf.* p. 28).

Il faut maîtriser la température et l'humidité. Prenez soin de laisser une petite ouverture à la base du tas pour pouvoir l'aérer et en prélever en cas de besoin.
Dans un petit jardin (moins de 100 m^2), un composteur de commerce d'1 m^3 fera l'affaire, vous y entasserez tous vos déchets de cuisine, les adventices du jardin, les restes de récolte, et toute matière organique que vous pouvez récupérez. Pour un jardin de taille plus importante, il est vivement conseillé de se faire livrer du fumier animal, de préférence de vaches.
Le compost doit passer par quatre phases

d'évolution, afin d'acquérir les qualités nécessaires à son emploi. On retrouve ici la recherche d'équilibre entre les quatre éléments, chers à la biodynamie. **Ces périodes successives sont la phase de Chaleur qui supprime les bactéries nocives, la phase d'Air qui favorise l'apparition des champignons et des bactéries, la phase d'Eau qui voit apparaître la micro et la macro-faune (cloportes, collemboles, etc.), puis enfin la phase Terre, celle des vers de compost.**
Il est important de couvrir le tas pour limiter l'évaporation et le lessivage par les pluies. Quand vous épandez le compost, ne le laissez pas en surface trop longtemps : incorporez-le superficiellement dans le sol pour le protéger.

Le bon moment d'utilisation

La durée du processus de compostage est variable selon les saisons et les matériaux utilisés, mais en général, on compte entre 5 à 12 mois pour arriver au stade terminal d'évolution. Quand le compost est parvenu à maturité, on n'y reconnaît presque plus les matériaux de départ. Il est temps de l'utiliser. **Il ne doit pas salir les mains. Les vers doivent y être toujours actifs. Sa couleur devient noire et sa consistance, grumeleuse et colloïdale (comme une colle, à l'image de l'argile, du complexe argilo-humique).**
Si le compost est trop âgé, sa qualité sera réduite : il aura perdu de ses valeurs nutritives, mais il contribuera tout de même à l'amélioration de la structure du sol.
Certaines cultures et certains sols apprécient des composts plus jeunes (fumiers ayant reçu les préparations) ou, au contraire, plus vieux et presque arrivés au stade de terreau. Les tomates et les Cucurbitacées « digèrent » bien les fumures fraîches.
Les sols asphyxiés par les mousses, pauvres et fatigués, réagissent bien aux composts jeunes (de 5 mois d'âge à peu près).
Par contre, on apportera du compost mûr à des sols bien structurés et riches.
Les doses de compost sont à adapter en fonction des caractéristiques des plantes (*cf.* tableaux de cultures p. 118). Les espèces peu gourmandes en fertilisant comme l'ail, les oignons, la mâche, les haricots, etc. recevront une quantité moindre par rapport aux espèces moyennement gourmandes comme les carottes, les poireaux, les laitues, le chou-rave, la bette. Les choux, les poireaux, les céleris, les courges, les pommes de terre, les Cucurbitacées et les Solanacées recevront le plus de compost.

Les six préparations du compost

Les six préparations du compost impulsent les processus qui vont permettre aux plantes d'assimiler les substances actives, oligoéléments et minéraux, dont elles ont besoin.
Il s'agit moins d'y incorporer des substances, même à dose homéopathique, que d'impulser des dynamiques, comme le fait un levain dans la pâte à pain. Les préparations dirigent le processus de fermentation du compost, limitant les pertes en nutriments (par lessivage et évaporation) et en vitalité.
Ainsi, les plantes pourront puiser les nutriments dont elles ont besoin. La symbiose entre la plante et le sol va favoriser la formation des plantes grâce à l'action des bactéries, des mycorhizes et des animaux du sol.

Au-delà de cet apport de vitalité et de la dynamique d'assimilation des nutriments, l'introduction des préparations dans le compost établit un lien avec le Cosmos tout entier, puisque chaque plante est reliée avec une planète bien précise.
Elles sont élaborées à partir de six plantes courantes, chacune spécifique des conditions particulières de leur milieu de vie (la valériane se joue des conditions froides et humides dans lesquelles elle pousse, l'achillée triomphe du chaud et sec, etc.) : l'achillée millefeuille, la camomille, l'ortie, l'écorce de chêne, le pissenlit et la valériane.
Ces préparations sont incorporées dans le compost en quantité homéopathique (on forme cinq boules de terre ou d'argile de la taille d'une petite olive en y incorporant dans chacune une pincée d'une des préparations, une boule d'achillée, une de camomille, etc.). Ces boules sont introduites dans le tas à distance de 1,50m sur les deux côtés, exceptée l'ortie qui sera mise du tas au centre du tas sur le haut. Les procédés d'élaboration de ces préparations sont très particuliers, certains font appel à des organes animaux qui agissent en synergie avec la plante. Dans toutes les régions de France, jardiniers et agriculteurs se regroupent pour les élaborer ensemble, ce qui donne lieu à des rencontres conviviales et stimulent les échanges d'expériences jardinières. L'objectif de la biodynamie est de favoriser l'autonomie des jardiniers et des agriculteurs et de leur donner les clés pour équilibrer leur jardin en limitant le plus possible les achats à l'extérieur, d'où l'importance de la démarche associative. Mais pour ceux qui ne disposent pas de temps ou d'associations qui cueillent les plantes et élaborent localement les préparations, il est toujours possible de les commander auprès d'élaborateurs professionnels.

1 **La préparation d'achillée millefeuille** (*Achillea millefolium*) stimule le processus de la potasse. Elle donne aussi une sensibilité aux plantes qui leur permettra d'accueillir des substances rares mais indispensables à leur vie de la plante, comme l'or, le plomb, l'arsenic. Son aptitude à triompher de conditions climatiques chaudes et sèches est une indication de ses autres utilisations possibles, nous le verrons plus loin.

2 **La préparation à base de camomille sauvage** (*Matricaria recutita*), grâce à sa teneur en soufre, possède un rôle régulateur du calcium. De par sa capacité à pousser dans des sols compactés, elle facilite les échanges et le processus de respiration du sol et des plantes.

3 **La préparation de grande ortie** (*Urtica dioica*) harmonise les processus de l'azote grâce à sa teneur en fer et en soufre. Elle permet au compost et au sol d'acquérir une sorte d'intelligence, une « sensibilité », et de mieux gérer le métabolisme de ces deux substances.

4 **L'écorce de chêne pédonculé** (*Quercus robur*) permet de réinsuffler une dynamique nouvelle au processus de la silice et de réguler les actions de la potasse.

5 **La préparation issue de la fleur de pissenlit** (*Taraxacum officinale*) par sa teneur en phosphore, stimule les forces de Chaleur.

Le pissenlit se complaît dans les pâturages fertilisés à l'excès par du fumier frais riche en azote. Par la suite, elle stimule la présence et la multiplication des vers de terre.

6 **Le jus extrait de la valériane officinale** (*Valeriana officinalis L.*), par sa teneur en phosphore, stimule les forces de Chaleur. En arrosant le tas de compost avec cette préparation, on observe une augmentation de la température du tas. Par la suite, elle stimule la présence et la multiplication des vers de terre.

La valériane pousse dans des situations froides et humides qui ne l'empêchent pas de former de délicates fleurs rosées en début d'été.

On comprend bien qu'elle impulse cet élément Chaleur à son milieu.

Voici un domaine maraîcher en biodynamie entouré de haies, où une mare enrichit la biodiversité du lieu en attirant des animaux auxiliaires, des insectes, des batraciens et des reptiles, garants d'un jardin en bonne santé.

L'ORGANISME AGRICOLE

Le troisième pilier de la biodynamie est la notion d'organisme. Un domaine agricole et un jardin ne peuvent se comprendre et trouver leur équilibre que dans la globalité de leur écosystème. De nos jours, le concept d'individualité agricole tel que défini par Rudolf Steiner il y a plus d'un siècle est largement développé par d'autres approches du jardin et de l'agriculture, comme l'agroforesterie et la permaculture et qui proposent des pratiques tout à fait compatibles avec la biodynamie.

Le jardinier en biodynamie a donc pour objectif de créer un « organisme jardin » autonome, qui génère une individualité propre. Par individualité, il faut entendre équilibre écologique. La biodynamie considère que l'harmonie entre l'homme et la nature est le premier facteur d'équilibre, et que c'est cet équilibre qui permet aux plantes d'être en bonne santé en limitant les attaques de parasites grâce à la présence d'auxiliaires (le renard qui mange les campagnols, les syrphes qui ingèrent les pucerons, les hérissons qui s'attaquent aux limaces, etc.) et en régulant les maladies. Plus le jardin sera inséré dans un milieu naturel équilibré, moins il faudra intervenir pour le soigner.

Exprimer l'idée d'individualité du jardin, c'est aussi affirmer que l'homme est le créateur de ce paysage jardiné. Il est au centre de son jardin, c'est lui qui décide des rotations, de la gestion de la fumure, des dates de semis, de la forme du jardin. Cela sous-entend que l'équilibre écologique est aussi l'équilibre de l'homme, partie intégrante de la nature et de son environnement. Le jardin doit être un lieu d'épanouissement et de satisfaction, des notions non mesurables mais fondamentales.
Concrètement, la recherche de l'équilibre d'un jardin consiste à semer des bandes fleuries pour attirer ces insectes auxiliaires, à planter des haies pour freiner le vent et offrir un abri aux oiseaux insectivores, à diversifier les espèces et les variétés cultivées, à organiser des rotations de cultures pour ne pas faciliter la tâche des prédateurs, si possible à créer une mare pour les batraciens.

L'IMPORTANCE DES HAIES

Tout organisme vivant s'entoure d'une peau qui sépare et protège ses organes intérieurs, c'est le rôle des haies dans le jardin. Elle est protectrice et nourricière.

Pour composer une haie, rien de tel que de choisir des essences locales et variées, la nature est d'une telle richesse qu'il serait dommage de se priver de cette diversité qui enrichit notre vue (les beaux fruits du fusain, du houx, les fleurs du prunellier), notre odorat (floraisons du chèvrefeuille, du troène, du robinier faux-acacia), et nos assiettes (les fruits du cornouiller mâle, de l'églantier, du sureau, du noisetier, de l'argousier). La haie peut aussi soigner, si des espèces médicinales (aubépine, sureau, saule) y sont intégrées. Elle peut même compléter le régime alimentaire d'un petit élevage car nombreux sont les arbres fourragers.
Les arbres de la haie (mais aussi du verger) créent des habitats pour les petits mammifères, les oiseaux, les chauves-souris. Cette faune va permettre de diminuer la densité d'insectes prédateurs et de micromammifères.

Au-delà de ces nombreux avantages, les arbres freinent le vent qui dessèche, apportent de l'ombre, et par leur système racinaire, impulsent une meilleure circulation de l'eau… Les haies sont régulatrices.
Ce calendrier n'est pas le lieu pour détailler comment créer une haie chez soi. Pour cela, référez-vous aux excellents ouvrages existants sur le sujet tels que ceux de Dominique Soltner (*Planter des haies, brise-vent, bandes boisées, bosquets*, Siraudeau édition, 2013) de Christian Cogneaux (*Plantes des haies champêtres*, éditions du Rouergue, 2009) ou encore de Martin Crawford (*La forêt-jardin*, éditions Ulmer, 2017).

LES ENGRAIS VERTS, LE SOIN DU SOL

Cultiver des engrais verts présente de multiples intérêts, même si, de premier abord, cela crée un surcroît de travail (semis, fauche et incorporation au sol…). En effet, l'engrais vert apporte une fumure précieuse grâce à la matière végétale créée par les tiges, les feuilles et les racines. Cette fumure sera rendue au sol, ce qui contribuera à apporter de la vie et des éléments nutritifs rapidement utilisables par les plantes cultivées une fois broyées et incorporées à la terre.
Par ailleurs, la plantation d'engrais verts permet d'éviter l'érosion et le lessivage des sols grâce au système racinaire qui retient les éléments, contrairement à une terre laissée à nu. De plus, ce système racinaire, de structure très différente selon les espèces en présence, maintient la structure du sol, ce qui favorise son aération et donc, l'équilibre entre les quatre éléments Chaleur, Eau, Air et Terre. Il ne faut pas oublier que si la plante puise des nutriments dans le sol, il est maintenant connu qu'elle nourrit également le sol par les exsudats racinaires. Il y a un échange permanent, une symbiose entre la plante et le sol, par le biais notamment des mycorhizes et des animaux du sol.
Dans le tableau ci-joint sont rassemblés les paramètres à prendre en compte dans le choix des espèces à semer, leur facilité d'implantation, la quantité de masse végétale produite, les différents éléments apportés (phosphore, potasse, azote), le type de développement racinaire en profondeur ou en largeur ainsi que le rôle sur les micro-organismes ou bactéries du sol.
Selon les précédents et les cultures à venir,

on modifiera les proportions de légumineuses qui apportent de l'azote, de crucifères qui apportent du soufre et de graminées qui développent les champignons mycorhiziens. L'idéal est de diversifier le plus possible les variétés.

Quelques caractéristiques d'engrais verts classiques

ENGRAIS VERT	RAPIDITÉ D'INSTALLATION	DÉV. RACINAIRE ET STRUCTURATION DU SOL	MASSE DU COUVERT VÉGÉTAL	QUALITÉ MELLIFÈRE	RÉCUPÉRATION DES EXCÈS DE FUMURE ET DES NITRATES	EFFETS POSITIFS SUR LES MALADIES ET RAVAGEURS
Chou, moutarde, navet, colza	Forte. Sol calcaire et profondeur en pivots	Fort	Forte	Bonne	Bonne. Apport d'azote, de phosphore et de soufre	Libération de composés soufrés dans le sol qui le désinfectent
Sarrasin	Forte. Sols acides et/ou pauvres	Faible	Moyenne	Forte	Bonne. Apport d'azote. Bonne association avec la bourrache et la consoude pour le renforcer encore	Limite le développement des autres adventices
Vesce et trèfle violet	Moyenne. Développe la vie microbienne	Moyen	Moyenne	Faible	Les dicotylédones vont nourrir les champignons du sol	Fixent l'azote de l'air
Phacélie	Forte	Fort	Forte	Forte	Moyenne	Apport de phosphore
Ray-grass, moha, céréales	Bonne. Action en profondeur	Fort	Moyen	Faible	Nourrissent les mycorhizes	Le ray-grass italien est une plante piège de la hernie des Crucifères

D'après Gérard Augé dans *Biodynamis* n°68

Les Brassicacées sont adaptées aux sols calcaires. De par leur racine en forme de pivot, elles décompactent le sol. **Le sarrasin,** lui, est davantage apte à conquérir les sols acides. **La phacélie,** elle, est très mellifère, elle va permettre d'attirer et de nourrir les insectes auxiliaires. Au-delà de ça, elle s'installe facilement et apporte une importante quantité de racines et de matière végétale. Comme le **lin** et **le bleuet**, elle permet d'apporter du phosphore aux sols qui en seraient faiblement pourvus.
Les légumineuses comme **la vesce, la luzerne, le trèfle, le sainfoin, le mélilot**, ont l'avantage de fixer l'azote de l'air et de nourrir les champignons du sol. Elles produisent une quantité moyenne de matière végétale et occupent bien le sous-sol. Le semis est un peu plus exigeant, la germination est assez lente, le lit de semis doit être assez fin,

Champs de lin, excellent engrais vert.

et l'implantation lente. Si la pluie manque, il faut prévoir la possibilité d'un arrosage.
Les céréales, les graminées comme le **ray-gras, le moha**, occupent et structurent bien le sol tout en apportant de la matière végétale sous et sur le sol.
Le sarrasin et la phacélie sont les plantes qui soutiennent le mieux les abeilles et autres insectes auxiliaires, encore faut-il les laisser fleurir, au moins partiellement.
Bien d'autres plantes sont conseillées pour les abeilles et peuvent être intégrées dans un mélange, c'est le cas **du souci, de la grande mauve, du lin, du trèfle incarnat, de la bourrache, de l'aneth, du bleuet, de la nigelle, de la coriandre, etc.**

LES ROTATIONS DE CULTURE

La rotation des cultures est la succession de cultures différentes sur une même parcelle, chaque année ou plusieurs fois dans l'année. La rotation est un moyen important de prévention des attaques parasitaires et cryptogamiques pour les jardiniers biologiques. Elle sert à l'amélioration de la fertilité du sol et à sa protection. De ce fait, elle contribue à l'obtention de plantes résistantes et en bonne santé. Assurer une bonne rotation permet aussi d'éviter le lessivage et l'érosion des sols par la présence le plus longtemps possible de plantes en culture.
Concrètement, trois paramètres sont pris en

compte : on alterne des plantes appartenant à des familles botaniques différentes, des plantes aux besoins nutritionnels différents et dont on récolte des parties différentes, la racine, la tige, la feuille, la fleur ou le fruit. **La spécificité de la biodynamie en ce qui concerne les rotations de culture est la prise en compte de la partie de la plante récoltée, en plus de la famille botanique et des besoins en fumure.**
En général, à un légume-racine qui aura travaillé la structure du sol, succède un légume-feuille, puis un légume-fleur et un légume-fruit. Il est important d'éviter de faire se succéder deux plantes de même famille botanique. Après une plante gourmande, viendra une plante peu exigeante. Si vous disposez de suffisamment de surface, il est vivement conseillé de terminer un cycle de culture (au bout de 4 ans par exemple) par le semis d'un engrais vert pour reposer le sol. Après un engrais vert, on cultive en général des légumes fortement exigeants en nutriments. Ils apprécient un sol bien engraissé et « reposé ».

Des plantes membres de la même famille botanique excrètent les mêmes substances dans le sol et en retirent les mêmes nutriments. Grâce à une alternance ciblée des familles de plantes cultivées, on préserve la diversité des substances dans le réseau de nourriture du sol. Les résultats de la rotation de culture s'observent sur le long terme, l'équilibre du sol maintient la durabilité des récoltes. Le sol récupère plus ou moins vite ses forces selon les familles de plantes. Des représentants de la même famille de plantes ne doivent pas être plantés avant 3 ans minimum sur la même plate-bande. Les crucifères, elles, ne devraient être cultivées que tous les 5 ans sur la même plate-bande. **Cela implique de dessiner le plan du jardin pour éviter des erreurs dans la rotation ; ce que nous vous proposons de faire dans ce calendrier** (*cf.* p. 36). Lorsqu'en automne ou en hiver, vous effectuez votre planification de jardin pour l'année à venir, faites de préférence un schéma ou un tableau représentant chaque plate-bande du jardin. Sur ce tableau, inscrivez les cultures prévues, et conservez bien les plans de chaque année. Ceux-ci serviront de base pour la planification des cultures de l'année suivante. Contrôlez, pour chaque nouvelle année, le contenu des plates-bandes de l'année précédente.

Le calendula, ici planté dans un rang de tomates, est nématicide et attire les insectes prédateurs des nuisibles.

DESSINEZ VOTRE JARDIN NOURRICIER 2023

Semences de carottes et de panais.

PRIVILÉGIER DES SEMENCES LOCALES

Multiplier ses propres semences permet de cultiver une plante habituée à un terroir, à un climat, à un sol, à un environnement.
Ainsi, elle ne subit pas le stress d'une adaptation à un lieu parfois très différent de celui où les multiplicateurs de semences l'ont cultivée. De plus, produire soi-même ses semences rend possible un processus de sélection selon des critères tels que la qualité gustative, la résistance aux maladies, l'aptitude à la conservation, les couleurs, le rendement etc. Pour cela, il faut développer son aptitude à l'observation et sélectionner la plante qui correspond aux objectifs recherchés. Qu'elle soit annuelle ou bisannuelle, l'outil de sélection s'appuie sur les sens : goûter, sentir et regarder.
La plante a besoin de se régénérer en passant par la semence. La multiplication végétative stricte (pomme de terre, ail, vigne) a tendance à affaiblir la plante, ce qui peut se traduire par l'apparition de viroses qui ne peuvent pas être soignées. On ne peut qu'éliminer les plantes atteintes. La reproduction par semence, au contraire, permet à la plante d'évoluer, en fonction de ses conditions de vie. C'est un mode de reproduction solaire, porteur de forces d'avenir. Dans la plupart des cas, les semences d'une plante infectée

par un virus restent saines et donnent une plante saine.

La constellation de Chaleur du Lion est à privilégier les travaux réservés aux semences.

Les espèces autogames annuelles sont faciles à sélectionner, leur pollinisation n'est pas perturbée par le voisinage d'une autre variété avec qui elle pourrait s'hybrider. C'est notamment le cas des haricots, des pois, des laitues, des tomates. C'est un plaisir de récolter ces graines, de les sécher et de les ressemer l'année suivante après avoir fait un test de germination.

Les espèces allogames obligent à éloigner les plantes les unes des autres pour éviter les croisements par un pollen étranger. C'est le cas pour les plantes allogames anémophiles (le pollen est transporté par le vent), de la betterave, de la bette, de l'épinard, en particulier et pour les plantes entomophiles (le pollen transporté par les insectes), des Crucifères (choux, radis, cresson, navets), des Cucurbitacées (concombres, courges, melon), des ombellifères (carottes, céleri, persil), des Composées (chicorées, scorsonères), des Alliacées, (oignon, poireau, ciboule), et de certaines Solanacées (piment, poivron, aubergines).

Pour les bisannuelles, il faut semer, sélectionner plusieurs porte-graines parmi les plantes choisies, les hiverner, puis les repiquer pour récolter les graines à maturité. Pour les variétés dont les semences présentent des complications à produire, il peut être plus facile de faire confiance aux sélectionneurs et producteurs de semences biologiques ou biodynamiques qui font un travail qui mérite d'être encouragé.

LES RÉPONSES BIODYNAMIQUES AU CHANGEMENT CLIMATIQUE ET AUX GRANDS CONTRASTES MÉTÉOROLOGIQUES

Les perturbations climatiques ne datent pas d'hier, des années dont les récoltes sont anéanties par le gel ou la grêle ont toujours existé. Cela dit, ces phénomènes diffèrent des dérèglements constatés ces vingt dernières années. Rares sont ceux qui contestent encore la réalité de l'aggravation du changement climatique. L'année 2017 n'a pas échappé à cette triste réalité avec des gels anormalement tardifs, suivis de plusieurs périodes caniculaires avec des températures dépassant les 40 °C à l'ombre et une sécheresse prolongée. Le début de l'année 2018 s'est caractérisé par des pluies importantes qui ont entraîné des inondations dans un grand nombre de régions.

Nous savons que nous pouvons enrayer cette dynamique, avec un peu de volonté politique et des actions concrètes à grande échelle. L'agriculture à elle seule ne pourra inverser la tendance. Elle est partie prenante d'un tout. L'agriculture biodynamique cherche cependant des solutions, à son échelle. L'expérience de terrain des agriculteurs en biodynamie montre que des réponses sont possibles. **De bonnes pratiques culturales, le maintien de la végétation en hiver et d'un bon taux d'humus par l'apport de matière organique et la plantation de haies permettent de mieux absorber les précipitations, limitent les risques d'inondation et modèrent l'action du vent et du soleil.** Il faut bien entendu limiter l'artificialisation des sols et leur bétonisation.

Les préparations biodynamiques et le compostage permettent de maintenir et d'augmenter le taux d'humus du sol et donc, sa capacité à fixer le carbone, ce qui contribue à limiter le réchauffement climatique.

Quelques recettes existent aussi, pour lutter contre le stress hydrique et la canicule.

Stress hydrique léger

La tisane de fleurs de camomille (*Matricaria recutita*) va déstresser les plantes et favoriser une assimilation bloquée par la chaleur et le manque d'eau. De plus, elle endurcit les plantes contre les maladies cryptogamiques. Faites tremper 10 g de fleurs sèches dans 3 l d'eau, portez à ébullition et laissez refroidir puis filtrez. Cette tisane peut être diluée pour obtenir la quantité de liquide nécessaire au jardin.

Stress plus prononcé

La tisane de fleurs d'achillée millefeuille (*Achillea millefolium*) a des vertus cicatrisantes, toniques et digestives. Elle stimule les cultures gourmandes en soufre comme les Alliacées (résultats intéressants obtenus sur cultures d'ail), et l'assimilation de la potasse. Elle a par ailleurs une action antifongique. Elle favorise une grande résistance à la sécheresse. Sa feuille, très découpée, bien construite, donne le message d'une très bonne organisation, elle transmet ce message à la plante. Procédez de la même façon que pour la camomille ou mettez 50 g de fleurs fraîches dans 3 l d'eau et exposez-le une journée en plein soleil. Filtrez et pulvérisez le lendemain.

Brûlures

On peut ajouter dans les deux tisanes précédentes des **fleurs de millepertuis** (*Hypericum perforatum*) connues pour leur capacité à adoucir les brûlures. Le millepertuis stimule également la lutte contre les champignons (rouille, mildiou). Ajoutez 10 g de fleurs sèches lors de l'élaboration de la tisane de camomille ou d'achillée ou préparez une solution hydro-alcoolique à 35 °C d'alcool avec une macération de fleurs fraîches au soleil (50 g pour 0,25 l) d'une quinzaine de jours (pas plus) que vous agiterez de temps à autre. Cette solution se conserve plusieurs années (10 ml à ajouter dans 3 l de tisane).

En climats méditerranéens, sur de petites surfaces, **l'aloe vera** (genre Aloe) présente un effet cicatrisant, anti-brûlures. Il stimule la

reprise de végétation et provoque la formation d'antioxydants. Cette plante supporte des chaleurs importantes, elle a la capacité de garder l'eau de ses feuilles, ce que nous voulons provoquer sur les plantes cultivées.
En pratique, il faut ouvrir une feuille entière et gratter immédiatement le mucilage qui est ajouté à 3 l d'eau et additionné d'un ½ jus de citron (ne pas mettre la feuille dans l'eau, elle contient une substance assez toxique pour les plantes). Laissez macérer 24 heures dans l'obscurité, filtrez et dynamisez avant de pulvériser sur les plantes.

Le figuier de barbarie (*Opuntia ficus-indica*) est utile pour de grandes surfaces culturales. Il est cicatrisant, il apaise les brûlures, empêche le vieillissement des tissus et favorise l'émission d'antioxydants. Comme l'aloe vera, cette plante originaire du Mexique garde une grande quantité d'eau dans ses feuilles malgré une forte exposition au soleil.
En pratique, laissez macérer à froid 3 à 4 jours 500 g de raquettes (ou cladodes) hachées grossièrement dans 10 l d'eau tiède. Filtrez et pulvérisez.

Ces tisanes ou macérations sont pulvérisées de préférence en soirée. Vous pourriez ajouter dans les tisanes (lors du refroidissement) 10 g par litre d'**osier ou de bois de saule** broyé grossièrement et laissé à macérer jusqu'à refroidissement. Cette pratique amplifie l'effet des tisanes, comme si elle faisait pénétrer l'action plus longtemps et plus profondément dans la plante.

Sur les mêmes principes, il est possible d'essayer d'autres plantes résistantes à de fortes chaleurs, l'hélichryse d'Italie, l'immortelle, l'origan, la sarriette et bien d'autres. L'objectif du jardinier en biodynamie et d'apprendre à comprendre et à utiliser les plantes locales et médicinales.

Quelques recettes pour lutter contre le gel et la grêle

En cas de gel ou de grêle, la pulvérisation de **jus de valériane,** dynamisée 20 minutes (5 ml par ha), a une action préventive efficace jusqu'à des températures autour de - 2 °C. Il faut l'appliquer peu de temps avant que la température ne baisse. Elle a aussi un effet curatif si elle est rapidement pulvérisée après le choc thermique. On peut y rajouter 1 à 5 ml de teinture mère d'Arnica ou du rescue en fleurs de Bach.
D'autres recettes peuvent aider la plante : les tisanes de **consoude, d'achillée millefeuille, de calendula, de lavande** ainsi que l'émulsion de **propolis** sont à expérimenter. La dynamisation des tisanes de **10 à 20 minutes** (30 à 35 litres d'eau par hectare) renforce leur efficacité mais il faut pulvériser dans la foulée.
La **pulvérisation de silice de corne** aide la plante à se restructurer et à se revitaliser après un choc climatique. Pulvérisez-la **1 à 2 semaines** après la grêle, puis éventuellement encore une fois 1 à 2 semaines plus tard. Les **poudrages à l'argile ou aux algues ou en mélange des deux ont un effet cicatrisant et séchant intéressant.**

COMPRENDRE SA MÉTÉO LOCALE GRÂCE À LA PHÉNOLOGIE

Nous invitons les jardiniers à s'appuyer sur la phénologie, c'est-à-dire l'étude des phénomènes périodiques liés au monde du vivant, pour mieux améliorer leur jardin nourricier. Ces phénomènes sont influencés par les variations saisonnières et en particulier, les variations des quatre éléments chers à la biodynamie : Chaleur, Eau, Terre et Lumière (dynamique de la durée du jour, de la couverture nuageuse…).

La phénologie permet d'avoir des repères par rapport aux dates de semis ou de plantation des différentes espèces du jardin. Dans mon village par exemple, les anciens m'expliquaient que quand le sommet du Staufen, la montagne qui domine la vallée, a reverdi, les premiers semis de haricots peuvent être entrepris. En fond de vallée, quand la neige avait disparu du Hohneck à 1 370 m d'altitude, les premiers semis étaient possibles. Les végétaux, les mammifères, les insectes, les oiseaux, par les migrations, départ et arrivée des hirondelles par exemple, sont tous des repères phénologiques locaux importants. La feuillaison, la floraison, la fructification ou la coloration des feuilles donnent des indications précieuses au jardinier sur les possibilités de cultures selon son lieu.

L'apparition anormalement décalée d'événements phénologiques est un indice d'éventuels changements climatiques qui nous permettent d'adapter nos dates de semis ou de plantation. Et quelle satisfaction de comprendre l'évolution du temps en fonction des conditions climatiques

Quand le Petit Ballon, dans les Vosges, est encore recouvert de neige, en plaine, les semis doivent être retardés.

annuelles et de savoir comment adapter ses dates de travaux au jardin ! Ces phénomènes nous poussent à être à l'écoute de la nature, à renouer un lien avec elle, à apprendre sans cesse à affiner nos connaissances.

TABLEAU, MODE D'EMPLOI

C'est pour cette raison que nous vous proposons dans ce calendrier, mois par mois, de noter les dates d'apparitions des événements phénologiques propres à votre jardin qui vous permettront de petit à petit, de vous approprier votre météo locale et de comprendre quels sont les moments les plus appropriés pour entreprendre les travaux au jardin.
Noter, chaque jour, les températures minimales et maximales vous permettra d'observer des tendances et, par exemple, de savoir

si vous pouvez raisonnablement vous lancer dans certains semis ou au contraire, s'il est préférable d'attendre.
L'évolution, au fil des jours, de l'ensoleillement, des précipitations, des vents vous permettra de mieux comprendre dans quel environnement les plantes de votre jardin évoluent et quels sont les phénomènes qui soutiennent ou au contraire, limitent leur développement. Vous serez surpris de constater à quel point le microclimat de votre jardin est différent de celui d'un parent ou ami, vivant dans un rayon de 30 km et que la végétation, autour de vous, en témoigne !
Repérer comment la flore et la faune autour de vous réagissent aiguisera aussi votre regard. Bien mieux que nous, les arbres et les insectes savent quel est le « bon moment » pour germer, fleurir, s'aventurer dehors sans trop craindre des coups de froids qui s'avéreraient nuisibles.
Quand dans le tableau ci-dessus je note que le coucou a chanté le 8 avril, probablement plus tôt que l'année précédente, je sais que les températures du sol permettent de planter les oignons, les échalotes. Les abeilles sont sorties le 7 avril, la vie reprend intensément dans la ruche, les floraisons se multiplient, je peux tranquillement semer en extérieur les choux-raves et les betteraves rouges.
L'arrivée des premières hirondelles m'autorise à tenter un premier semis de haricots.
En remplissant quotidiennement le tableau, vous garderez aussi la trace, d'année en année, des phénomènes météorologiques qui auront influencé vos cultures et comprendrez pourquoi telle ou telle plantation a souffert ou au contraire, bénéficié, des conditions locales, à ses différents stades d'évolution.

JOURS	TEMPÉRATURES (°C)		PLUIE (ML)	VENT (KM/H)		MÉTÉO					OBSERVATIONS PHÉNOLOGIQUES
	Min	Max		direct.	force	☀	⛅	☁	🌧	❄	
Mardi **1**	1	3		N	35				X		
Merc. **2**	-1	10		N.E	39			X			
Jeudi **3**	5	19	2	N.E	40		X				
Vend. **4**	11	21	3	S.O	80		X				Floraison forthysia
Samedi **5**	4	16		S.O	58	X					Floraison des narcisses
Dim. **6**	2	13		S.O	33		X				
Lundi **7**	5	21		S.O	43	X					Premières abeilles
Mardi **8**	9	20		S.O	49	X					Chant du coucou
Merc. **9**	6	22		S.O	21	X					Floraison des prunus
Jeudi **10**	11	25		S.O	40	X					Floraison des magnolias
Vend. **11**	12	19		S.O	44		X				Premier papillon Citron
Samedi **12**	10	24	14	S.E	58		X		X		Anémones sylvestres

CALENDRIER 2023

JANVIER

Période des jours les plus courts de l'année. Les températures négatives ont des conséquences positives sur la vie du jardin : élimination des parasites, amélioration de la structure du sol et apport d'azote par la neige. Le Soleil passe de la constellation du Sagittaire à celle du Capricorne.

QUELQUES REPÈRES PHÉNOLOGIQUES

Notez les dates de floraison des perce-neige ❶, l'apparition des fleurs de noisetiers ❷ et dans le Sud, celles du romarin ou du mimosa ❸.

AU JARDIN

- Assurez l'entretien du matériel, gérez le stock de semences.
- Planifiez les rotations des cultures à partir d'un croquis (*cf.* p. 36).
- Quelques semis sont envisageables sous serre ou sous couche chaude.
- C'est le moment d'installer des nichoirs pour les oiseaux (rappelons qu'une mésange ingère quotidiennement son poids de chenilles et d'autres ennemis des cultures) et des abris à insectes auxiliaires comme les chrysopes, les coccinelles, les syrphes, les forficules, etc.

VERGER ET HAIES

Période de la taille et des plantations, mais attention, interventions à proscrire en cas de gel.

RUCHE

Réalisez les travaux d'entretien (entretien des abords du rucher, repeindre les corps de ruche et les hausses, décirer les vieux cadres…).

2

1

3

JOURS	TEMPÉRATURES (°C)		PLUIE (ML)	VENT (KM/H)		MÉTÉO					OBSERVATIONS PHÉNOLOGIQUES
	Min	Max		direct.	force						
Dim. **1**											
Lundi **2**											
Mardi **3**											
Merc. **4**											
Jeudi **5**											
Vend. **6**											
Samedi **7**											
Dim. **8**											
Lundi **9**											
Mardi **10**											
Merc. **11**											
Jeudi **12**											
Vend. **13**											
Samedi **14**											
Dim. **15**											
Lundi **16**											
Mardi **17**											
Merc. **18**											
Jeudi **19**											
Vend. **20**											
Samedi **21**											
Dim. **22**											
Lundi **23**											
Mardi **24**											
Merc. **25**											
Jeudi **26**											
Vend. **27**											
Samedi **28**											
Dim. **29**											
Lundi **30**											
Mardi **31**											

Dim. **1** — ♌ 13h → 20h ; 20h → 23h ☌

Bouturez les rameaux d'actinidia et groseillier.

Lundi **2** — ♈ 16h23

Appliquez le badigeon au pinceau ou à la brosse à tapisser sur le tronc et le début des branches charpentières après avoir brossé les mousses et lichens. Recette du badigeon : mélangez dans un seau de l'argile, de la bouse de vache, de l'eau, du lithothamne, de la décoction de prêle ou 2 % de silicate de soude.

Plantez l'ail en terre légère, sur butte pour limiter le risque de maladies. En terre lourde (argileuse), mélangez du sable (pour améliorer le drainage) et des cendres de bois (contre maladies).

Mardi **3** — 18h → 21h ☌

Merc. **4** — ♉

Protégez les légumes-racine en silo encore en place. Un épandage de paille protégé par une bâche les protège du froid. Un fin grillage permet d'éviter les dégâts des rongeurs.

Jeudi **5** — 15h34 — LUNE MONTANTE 5h — 11h △ 21h

Vend. **6** — ♊ — 00h08

Bouturez les arbustes à fleurs. Prélevez des jeunes rameaux de rosier, forsythia, seringat ou groseillier à fleurs et coupez-les en tronçons de 20 cm. Fichez-les par groupes de trois, aux ¾ de leur longueur. Plantez les arbres et arbustes à fleurs. N'hésitez pas à enlever tout le terreau des conteneurs et à couper les racines trop longues.

Samedi **7** — 23h57 — 17h △ 2h

Dim. **8** — 2h — A — 2h — 14h

Appliquez le badigeon (*cf.* p. 107) au pinceau sur le tronc et le début des branches charpentières des arbres fruitiers après avoir supprimé les mousses et lichens. Sous serre ou sous couche chaude, semez des laitues et des chicorées (scaroles et frisées). Leur levée sera rapide, prévoyez déjà une autre couche pour le repiquage.

Lundi **9** — ♋ 18h24 — 7h △ 21h

Mardi **10** — LUNE DESCENDANTE = PLANTATION

Merc. **11** — ♌

Plantez des arbres et des arbustes fruitiers (hors gel) à racines nues. Décompactez le sol, en évitant de le retourner. Veillez à garder le collet au-dessus du niveau du sol et tuteurez.

Jeudi **12** — 16h29

Vend. **13**

Samedi **14** — ♍

Dim. **15**

Récoltez les légumes-racines encore en place : radis noirs, navets, betteraves rouges, panais, salsifis, scorsonères, topinambours, céleris et carottes. Il est plus facile de les protéger du gel en cave ou en cellier.
Continuez les récoltes de légumes racine et surveillez régulièrement votre silo en supprimant les racines qui s'abîment. Surveillez aussi la présence des micromammifères qui peuvent s'attaquer aux racines conservées en plein champ. Préparez une couche chaude en creusant une fosse que vous remplirez de compost, de feuilles d'ortie séchées, puis recouvrez de bonne terre mélangée avec du terreau. Vous pourrez ainsi procéder à des semis réguliers de plantes des différentes familles.

Lundi **16** — 7h47 — ♎ — ☋ 4h → 11h

Dim. 1	
Lundi 2	
Mardi 3	
Merc. 4	
Jeudi 5	
Vend. 6	
Samedi 7	
Dim. 8	
Lundi 9	
Mardi 10	
Merc. 11	
Jeudi 12	
Vend. 13	
Samedi 14	
Dim. 15	
Lundi 16	

	✱	☽	
Lundi **16**	♎	♌	4h → 11h
			Dans les régions de climat doux, taillez court les arbustes à fleurs d'été (hibiscus, buddléia, caryoptéris) afin de stimuler la croissance de nombreuses pousses porteuses de fleurs.
Mardi **17**	15h32	LUNE DESCENDANTE = PLANTATION	
Merc. **18**	♏		13h → 16h ☌
			Si l'hiver est doux, une tonte rase permet de densifier le gazon et de niveler le sol tout en enlevant les dernières feuilles mortes, mais attention, ne le faites que si aucun gel n'est annoncé dans les 3 à 5 j. suivants !
Jeudi **19**	19h03		
Vend. **20**	♐	6h	Éclaircissez groseilliers et cassissiers en supprimant 1 ou 2 vieilles branches (épaisses, ramifiées, à écorces crevassées) sur chaque buisson pour laisser de la place aux jeunes pousses. Au verger, éliminez les rejets des porte-greffe. Si le temps est doux et si elles sont vigoureuses, divisez les vivaces à floraison printanière (doronics, campanules etc.). Paillez sous les jeunes arbres fruitiers après avoir sarclé. Apportez compost et basalte au-dessus du paillage, ce qui incitera les vers de terre à venir chercher et enfouir cette matière organique.
Samedi **21**	18h24	☻ 21h53 P	10h
			10h
Dim. **22**	♉		Dans un châssis bien protégé, semez vos premiers radis. Ils mettront un peu plus de temps à lever qu'au printemps, mais vous pourrez les déguster dans 1 mois.
Lundi **23**	14h17	LUNE MONTANTE	
Mardi **24**	♒		Augmentez vos bordures de perce-neige en divisant des touffes existantes : arrachez-les avec les bulbes et partagez-les en petits poquets de 3-5 plants. Replantez-les en veillant à enterrer à nouveau toute la partie blanche des tiges.
Merc. **25**	6h48		
Jeudi **26**	♓		Dans les régions du nord, semez vos premières salades dans une terrine posée sur un radiateur, près d'une fenêtre. Vous pourrez les repiquer dans un châssis ou une petite serre d'ici 3 sem. environ.
Vend. **27**			
Samedi **28**	01h06	♌	13h → 20h
			On peut tenter un semis de fèves dans les régions de climat doux où si l'hiver s'annonce clément.
Dim. **29**	♈		2h → 5h ☌
			Couvrez le sol d'un voile de forçage à laisser en place jusqu'à ce que les plantules aient leurs premières feuilles.
	22h17		Sous tunnel ou en serre, plantez ail et oignon dans des terres légères et si possible, sur butte. Divisez votre sac de bulbilles par trois et plantez-en seulement le tiers, et attendez 3 semaines avant de planter la 2e partie. Vous éviterez de gros dégâts s'il gèle fort et vous étalerez les récoltes.
Lundi **30**	♉		
Mardi **31**			3h → 6h ☌

Lundi
16

Mardi
17

Merc.
18

Jeudi
19

Vend.
20

Samedi
21

Dim.
22

Lundi
23

Mardi
24

Merc.
25

Jeudi
26

Vend.
27

Samedi
28

Dim.
29

Lundi
30

Mardi
31

FÉVRIER

Presque de manière imperceptible, les jours rallongent. Le Soleil passe de la constellation du Capricorne à celle du Verseau.

QUELQUES REPÈRES PHÉNOLOGIQUES

- Les noisetiers sont en pleine floraison dès le début de mois, suivis en fin du mois par le prunier myrobolan, le cornouiller mâle et le saule Marsault. Les tussilages ① commencent eux aussi à fleurir.
- Fin février, vous pouvez entendre le chant de l'Accenteur mouchet ②, signe que les jours rallongent et que la sortie de l'hiver approche. Par temps clément, apparition des premiers Paon de jour ③ et des osmies, petites abeilles sauvages.

AU JARDIN

- Commandez les semences qui manquent ou celles dont la faculté germinative est trop faible après avoir planifié les rotations des cultures à partir d'un petit croquis.
- Soin des outils : enduisez d'huile de lin les manches d'outils en bois, affûtez les fers de bêches, sarcloirs et autres outils de travail du sol.
- Début des semis sur couche chaude ou sous tunnel (choux, salades, céleri). Le fumier de cheval se prête bien à ce type de cultures. Par-dessus le fumier, on couvrira par une couche de 20 cm au moins de bonne terre.
- Début de l'épandage de compost : une fois étalé, il doit être légèrement enfoui pour éviter son dessèchement et favoriser son incorporation à la terre.
- Fauchez les engrais verts afin qu'ils sèchent quelques jours au sol avant d'être incorporés.

VERGER ET HAIES

Bouturez les saules pour constituer des haies vives, vous planterez ces boutures en mars.

RUCHE

Effectuez des nourrissements si nécessaire et surveillez les colonies faibles et l'arrivée du frelon asiatique. Lorsque la température est autour de 10 °C, vous pouvez déplacer les ruches en prenant soin de ne pas disloquer la grappe. C'est le moment aussi de confectionner des cadres pour le printemps.

JOURS	TEMPÉRATURES (°C)		PLUIE (ML)	VENT (KM/H)		MÉTÉO					OBSERVATIONS PHÉNOLOGIQUES
	Min	Max		direct.	force						
Merc. **1**											
Jeudi **2**											
Vend. **3**											
Samedi **4**											
Dim. **5**											
Lundi **6**											
Mardi **7**											
Merc. **8**											
Jeudi **9**											
Vend. **10**											
Samedi **11**											
Dim. **12**											
Lundi **13**											
Mardi **14**											
Merc. **15**											
Jeudi **16**											
Vend. **17**											
Samedi **18**											
Dim. **19**											
Lundi **20**											
Mardi **21**											
Merc. **22**											
Jeudi **23**											
Vend. **24**											
Samedi **25**											
Dim. **26**											
Lundi **27**											
Mardi **28**											

Merc. 1	♉ 21h31		Dans les terrains secs et bien exposés, faites une deuxième plantation d'ail et d'oignons en diversifiant les variétés. Il faut penser aux oignons qui ont une grande durée de conservation hivernale.
Jeudi 2	♊	10h00	Plantez des cornouillers mâles (*Cornus mas*) en haie libre : ils ne vont pas tarder à fleurir et produiront en août/septembre des fruits hyper riches en vitamine C.
Vend. 3			
Samedi 4	6h05	A	2h – 12h
Dim. 5	♋	☺ 19h29	12h ☿ ☋ 1h
Lundi 6	0h29		Semez les pois (une variété naine à grain rond et lisse qui résiste mieux au froid). Disposez les graines tous les 3-5 cm dans un sillon que vous remplirez de sable. Semez sous couche chaude ou serre plusieurs variétés de potimarrons, de potirons et de courgettes.
Mardi 7	♌	LUNE DESCENDANTE = PLANTATION	
Merc. 8	22h19		
Jeudi 9	♍		Faites prégermer les plants de pomme de terre en les exposant à la lumière pendant une quinzaine de jours. Semez du céleri-rave, des radis « Glace », des carottes de variété très hâtive comme la variété Amsterdam, sous serre ou sous tunnel.
Vend. 10			
Samedi 11			
Dim. 12	14h38	☋	5h → 12h
Lundi 13	♎ 23h22		Dès que les perce-neige pointent, on peu les prélever et les diviser pour les replanter aussitôt (à la même profondeur) : c'est le meilleur moment pour étendre les bordures ou les disperser parmi les arbres fruitiers qu'ils protègent des dégâts des mulots.
Mardi 14	♏		Sous serre ou sous petit tunnel (monté depuis au moins 1 sem.) semez des épinards à la volée. Vous récolterez vite des jeunes pousses pour vos premières salades et aurez de la place pour semer autre chose plus tard. C'est un excellent engrais vert, vous pourrez arracher et laisser au sol les plants non consommés. Semez sous tunnel du cresson alénois, de la claytone de Cuba, du mizuna, de la laitue iceberg et autres salades asiatiques. En caissettes, semez des poireaux d'automne que vous repiquerez début mai.
Merc. 15			
Jeudi 16		15h00	

Merc.
1

Jeudi
2

Vend.
3

Samedi
4

Dim.
5

Lundi
6

Mardi
7

Merc.
8

Jeudi
9

Vend.
10

Samedi
11

Dim.
12

Lundi
13

Mardi
14

Merc.
15

Jeudi
16

* ☽ ○

Jeudi **16** – 4h46 – 15h00

Vend. **17** – ♐

Pulvérisez une décoction de prèle sur les arbres fruitiers et au sol pour éviter les maladies cryptogamiques.
Semez sous couche chaude ou serre plusieurs variétés de potimarrons, de potirons et de courgettes.

Samedi **18** – 05h27 – ♉

Sous tunnel, en serre froide ou au potager bien abrité, plantez des échalotes qui sont assez robustes pour résister à de petites gelées. Le sol doit être riche et léger. Sous serre ou sous abri, semez du céleri.

22h

Dim. **19** – P

22h

Lundi **20** – 01h40 – ☻ 08h06

Mardi **21** – ♒

Plantez une glycine sur une pergola en périphérie du potager. Ses racines enrichissent le sol en azote, ce qui est favorable à tous les légumes feuilles. Sous tunnel, repiquez des pâquerettes, du silène, des myosotis, de l'achillée millefeuille, de l'euphorbe, du fenouil, de la gaura, de l'hélianthe, de la lavande, du miscanthus.

17h35

Merc. **22** – ♓

Semez sous abris vos premiers choux (fleurs, raves, pommés). Une caissette suffit, vous repiquerez les jeunes plantes dans 10 j. environ en godets individuels (prévoyez de la place pour la suite !).

12h △

En pleine terre, plantez les cailleux d'ail pour une récolte en juin prochain.

1h

Jeudi **23** – A

13h

Semez de l'arroche en pleine terre, les températures nocturnes basses ou les petites gelées favorisent sa germination. Pour éviter les problèmes de limaces, couvrez le semis d'une fine couche de sable.

Vend. **24** – 9h53 – ☊ 16h → 23h

Samedi **25** – ♈

Au chaud, semez les aubergines (gardez les jeunes plantes à la lumière et hors gel jusqu'à plantation) en alvéoles ou en godet individuel pour chahuter le moins possible les jeunes plantes.

11h → 14h ☌

Idem pour les tomates, poivrons et piments si vous pouvez les repiquer dans 1 mois sous serre ou tunnel. Sinon, attendez encore.

Dim. **26** – 5h46

Lundi **27** – ♉

Mardi **28**

LUNE MONTANTE

Plantez des bulbilles d'oignon. Enfoncez-les (2-3 cm) dans des sillons peu profonds en fin de journée puis tassez le sol. Les pointes vertes des bulbilles doivent rester à la lumière du jour. Espacez chaque bulbille d'environ 10 cm. Des tiges verdâtres apparaissent au bout de 8 à 15 jours.
Semez au chaud des céleris dans une terrine pour les repiquer d'ici 1 mois.

3h → 6h ☌

Jeudi
16

Vend.
17

Samedi
18

Dim.
19

Lundi
20

Mardi
21

Merc.
22

Jeudi
23

Vend.
24

Samedi
25

Dim.
26

Lundi
27

Mardi
28

MARS

Équinoxe de printemps. Le Soleil passe dans la constellation des Poissons.

QUELQUES REPÈRES PHÉNOLOGIQUES

- Fleurissement des nivéoles, primevères de culture, hellébores (1), forsythias, amandiers. Framboisiers débourrent. Démarrage du débourrement des arbres. Les pollens de l'aulne glutineux et du peuplier volent.
- Apparition des premiers papillons Citron (2). Les grues (3) sont de passage dans leur migration vers le nord. Sortie de la femelle du bourdon terrestre (4) en même temps que les premières fleurs de saule. Apparition des halictes, une abeille sauvage. Accouplement des coccinelles (5).

AU JARDIN

- Semez au chaud ou sous couche chaude et même en pleine terre radis, salades, carottes, navets, épinards, choux, etc.
- Fauchez les engrais verts afin qu'ils sèchent quelques jours au sol avant d'être incorporés.
- Surveillez le compost jeune et épandez le compost arrivé à maturité. C'est le moment de monter des couches chaudes alimentées par du fumier de cheval, de volaille ou de bovins pour avancer le calendrier des récoltes.

PRÉPARATIONS BIODYNAMIQUES

- Pulvérisation de bouse de corne pour réactiver la vie microbienne du sol.
- Décoctions de prêle en prévention des maladies cryptogamiques : faites bouillir 10 g de prêle dans 3,5 l d'eau. Laissez infuser et diluez dans 8 l d'eau.
- Si le froid persiste, pulvérisez sur les plantes une préparation de valériane dynamisée (*cf.* p. 29).

VERGER ET HAIES

- Prélevez des greffons et réalisez des boutures de la vigne et des arbres fruitiers.

RUCHE

Les faux-bourdons naissent et la reine commence à être fécondée. Phase de grande mortalité (parmi les populations d'octobre). Nourrissez la colonie si nécessaire, installez des abreuvoirs et changez le plateau de sol. C'est le moment où vous allez équilibrer vos colonies.

JOURS	TEMPÉRATURES (°C)		PLUIE (ML)	VENT (KM/H)		MÉTÉO					OBSERVATIONS PHÉNOLOGIQUES
	Min	Max		direct.	force						
Merc. **1**											
Jeudi **2**											
Vend. **3**											
Samedi **4**											
Dim. **5**											
Lundi **6**											
Mardi **7**											
Merc. **8**											
Jeudi **9**											
Vend. **10**											
Samedi **11**											
Dim. **12**											
Lundi **13**											
Mardi **14**											
Merc. **15**											
Jeudi **16**											
Vend. **17**											
Samedi **18**											
Dim. **19**											
Lundi **20**											
Mardi **21**											
Merc. **22**											
Jeudi **23**											
Vend. **24**											
Samedi **25**											
Dim. **26**											
Lundi **27**											
Mardi **28**											
Merc. **29**											
Jeudi **30**											
Vend. **31**											

printemps

Merc. 1	04h00		Semez en pleine terre, sous châssis ou sous voile des annuelles rustiques. Repiquez les bisannuelles pour les floraisons printanières et les vivaces semées en automne. Elles attirent pollinisateurs et auxiliaires qui combattent les parasites des légumes. Semez sous abri des brocolis, en alvéoles (1 graine) ou en godets (2-3 graines). Donnez aux jeunes plantes un maximum de lumière avant de les repiquer sous tunnel.
Jeudi 2	♊		
Vend. 3	12h32	A	11h – 23h
Samedi 4	♋		Semez de la tétragone directement en pleine terre, dans un endroit exposé et en terre légère. Plantez ciboulette et oseille. Pour l'oseille, coupez les racines entortillées au fond des pots afin que les nouvelles radicelles s'enfoncent rapidement dans le sol. Semez des poireaux : si le sol a bien été préparé en amont, il accepte des conditions rudes et se sème même sur un sol gelé.
Dim. 5	06h57		Au chaud, semez poivrons et piments. Une température minimale de 20 °C est nécessaire pour la germination. Semez 3 à 4 graines par godet. Éliminez les plantes chétives, sources de maladies. Taillez les pêchers juste avant qu'ils ne fleurissent ou en fleurs. Réduisez les branches fleuries pour ne garder que la base, sinon elles produisent trop de fruits et s'affaiblissent. Sous serre, semez des aubergines.
Lundi 6	♌		
Mardi 7		☺ 13h40	
Merc. 8	04h23	LUNE DESCENDANTE = PLANTATION	Profitez de cette période où la terre est souvent meuble pour sarcler et vous débarrasser des rhizomes de chiendent. Désherber l'ail au maximum.
Jeudi 9	♍		
Vend. 10			
Samedi 11	20h09	☋	6h → 13h
Dim. 12	♎		Semez sous tunnel ou serre froide achillée millefeuille et valériane pour vos préparations biodynamiques.
Lundi 13	5h08		Fauchez les engrais verts. Étalez les feuilles broyées et laissez la nature faire le reste pendant 10-15 j.
Mardi 14	♏		12h ♀☊ 6h
Merc. 15	11h48	22h	Plantez de la rhubarbe en lui apportant une poignée de compost.
Jeudi 16	♐		Terminez la taille douce des pommiers et des poiriers. Semez des pois grimpants en installant des rames.

Merc.
1

Jeudi
2

Vend.
3

Samedi
4

Dim.
5

Lundi
6

Mardi
7

Merc.
8

Jeudi
9

Vend.
10

Samedi
11

Dim.
12

Lundi
13

Mardi
14

Merc.
15

Jeudi
16

Jeudi **16** ♐
Terminez la taille douce des pommiers et des poiriers.
Semez des pois grimpants en installant des rames.

Vend. **17** – 14h13 – ♉

Samedi **18**
Semez des navets sous tunnel (au nord de Paris), ou en pleine terre dans les potagers abrités. Levée rapide : 4 à 7 j. Espacez les rangs de 30 à 40 cm, laissez une plante tous les 10 cm. Récoltez les derniers scorsonères, salsifis et panais restés en terre. Les parcelles libérées auront été bien travaillées, inutile de bêcher pour une nouvelle culture. Au chaud, c'est le dernier moment pour semer des céleris-raves dans les régions froides. Les jeunes plantes pourront être repiquées fin avril ou début mai.

Dim. **19** – 11h48 – P
4h – 4h

Lundi **20** ♒ (équinoxe de printemps)
Semez sous abri brocolis, annuelles et vivaces (bégonia, pétunia, pélargonium, sauge etc.).
Plantez des arbustes à fleurs à proximité du potager, en particulier des arbustes utiles comme les sureaux noirs (dont les fleurs attirent des auxiliaires, les feuilles activent le compost et les racines repoussent les mulots).

Mardi **21** – 04h21 – ☻ 18h23

Merc. **22** ♓
En pleine terre ou sous un voile de forçage (qui fait gagner en précocité), semez arroche rouge, cerfeuil, épinards et laitues.
19h → 22h ☌

Jeudi **23**
Sous serre ou sous abri, semez des choux (raves, pommés, de Bruxelles).

– 20h07 – ☊ 23h → 6h

Vend. **24** ♈
9h → 12h ☌
Débutez les artichauts afin de favoriser le développement des jeunes feuilles.
Enlevez quelques éclats si vous devez renouveler la plantation.
23h → 1h ☌

Samedi **25** – 14h58 – ♉
C'est le moment de planter les oignons et les échalotes pour la conservation. Sous voile de forçage, les semis de carottes, des navets, des betteraves rouges (variétés à consommer crues ou cuites), de panais sont possibles.

Dim. **26**
5h ☿☊ 17h

Lundi **27**
Pour les racines de conservation, il faut attendre la fin mai (jusqu'à la mi-juin), semez régulièrement tous les mois pour les consommations d'été et d'automne.

LUNE MONTANTE

Mardi **28** – 12h42 – 00h ♊

Merc. **29**
Continuez à tailler les rosiers en laissant plus longues les branches épaisses et en raccourcissant beaucoup les branches fines. Pulvérisez de la décoction de prêle sur les rosiers en prévention des maladies cryptogamiques.

Jeudi **30** – 20h48 –
11h △ 12h

Vend. **31** ♋ A
5h
17h
Semez la roquette dans un endroit drainé et ensoleillé, même pauvre. Elle pousse vite et vous pourrez récolter quelques feuilles d'ici 2 à 3 semaines.

LUNE DESCENDANTE = PLANTATION

Jeudi 16

Vend. 17

Samedi 18

Dim. 19

Lundi 20

Mardi 21

Merc. 22

Jeudi 23

Vend. 24

Samedi 25

Dim. 26

Lundi 27

Mardi 28

Merc. 29

Jeudi 30

Vend. 31

AVRIL

Dans la deuxième partie du mois, le Soleil passe dans la constellation de Chaleur du Bélier.

QUELQUES REPÈRES PHÉNOLOGIQUES

- Forsythias, prunelliers, cerisiers 1 et primevères sont en pleine floraison ; magnolias et anémones des bois achèvent la leur. Les feuilles apparaissent sur la plupart des arbres. L'ail des ours couvre les sous-bois.
- Début avril, le Coucou 2 commence à chanter ; mi-avril, les hirondelles arrivent dans la moitié nord de la France. Sortie des jeunes mygales chaussette 3. Aux alentours des zones humides et des rivières, la mouche de la Saint Marc 4, très appréciée des truites et donc, des pêcheurs, fait son apparition. Sortie des andrènes, petites abeilles sauvages.

AU JARDIN

Semez toutes les plantes qui ne craignent pas les petites gelées de mai en prévisions des repiquages de plants (salades, choux, Cucurbitacées, poireaux, etc.). Maintenez l'humidité aux semis récents. En pleine terre et sous voile semez des Cucurbitacées et le maïs doux (les variétés les plus précoces).

PRÉPARATIONS BIODYNAMIQUES

- Limaces et doryphores sont présents. Agissez rapidement par ramassage, par traitement au ferramol (limaces) ou par pulvérisation de *Bacillus thuringiensis* au coucher du soleil (doryphores). Brûlez les parasites jusqu'à obtenir de belles cendres et mélangez-les avec du sable ou de la poudre de basalte ou d'argile à épandre sur le jardin.
- Réalisez une tisane de pissenlit 5 ou de prêle pour renforcer la résistance des plantes contre les maladies.
- Récoltez un stock d'orties, séchez-le en vue d'utilisations ultérieures.

VERGER ET HAIES

Les floraisons d'arbres fruitiers augmentent. Une pulvérisation de jus de fleurs de valériane peut limiter les dégâts de gels légers, (-2 ou -3°).

RUCHE

Le couvain explose. Vous pouvez agrandir les colonies et/ou récolter des essaims naturels. Il faut déjà prévenir le varroa.

JOURS	TEMPÉRATURES (°C)		PLUIE (ML)	VENT (KM/H)		MÉTÉO					OBSERVATIONS PHÉNOLOGIQUES
	Min	Max		direct.	force						
Samedi **1**											
Dim. **2**											
Lundi **3**											
Mardi **4**											
Merc. **5**											
Jeudi **6**											
Vend. **7**											
Samedi **8**											
Dim. **9**											
Lundi **10**											
Mardi **11**											
Merc. **12**											
Jeudi **13**											
Vend. **14**											
Samedi **15**											
Dim. **16**											
Lundi **17**											
Mardi **18**											
Merc. **19**											
Jeudi **20**											
Vend. **21**											
Samedi **22**											
Dim. **23**											
Lundi **24**											
Mardi **25**											
Merc. **26**											
Jeudi **27**											
Vend. **28**											
Samedi **29**											
Dim. **30**											

Samedi 1	♋ 15h14		Plantez les griffes d'asperge dans une tranchée de 30 cm de profondeur, si vous disposez d'un jardin spacieux (une griffe tous les 40 cm sur des rangs espacés de 1,50 m). Récoltez l'ail des ours et les jeunes pousses d'ortie.
Dim. 2 – Lundi 3 – Mardi 4	♌ 12h36	LUNE DESCENDANTE = PLANTATION	Semez en pleine terre des pois. Dans une pièce chaude ou une serre tempérée, semez des tomates. Greffez ou sur-greffez les pommiers ou poiriers avant que les bourgeons ne commencent à gonfler.
Mardi 4 – Merc. 5 – Jeudi 6 – Vend. 7	♍	06h35	Semez radis, navets et carottes en pleine terre, sous abri ou sous couche chaude. Pulvérisez la bouse de corne sur tout le jardin. Plantez les premières pommes de terre : à la bêche, faites des trous (de 8 à 10 cm de profondeur), en lignes distantes de 50 à 60 cm et autant dans la ligne. Au râteau, aplanissez la parcelle en formant une petite butte pour chaque rangée. La levée a lieu entre 2 et 3 sem. après. Sarclez entre les rangs des premiers légumes-racine semés. Binez l'ail pour éviter les maladies qui se développent en cas d'humidité excessive.
Vend. 7		☊	12h → 19h
Samedi 8 – Dim. 9	03h16 ♎ 11h47		Semez des engrais verts (phacélie, moutarde, lin, etc.) sur les parcelles qui seront cultivées dans un deuxième temps. Repiquez choux-fleurs et brocolis.
Lundi 10 – Mardi 11	♏		Semez des poireaux d'automne en caissette ou en pleine terre un peu tassée (plombée). Semez des aromates et des salades.
Mardi 11	18h15		6h △ 19h
Merc. 12 – Jeudi 13	♐ 21h27	5h LUNE MONTANTE	Semez sous voile ou sous serre physalis, courgettes, potirons, poivrons, melons, concombres et piments. Traitez les fruitiers et surtout les pêchers en prévention de la cloque à l'aide d'une décoction de prêle.
Vend. 14 – Samedi 15	♑		Semez betteraves, panais, salsifis, scorsonères et carottes en rangs distants de 30-40 cm, de manière la plus légère possible. La levée s'effectue de 8 à 15 j. après, entre 15 °C et 20 °C mais peut s'échelonner sur 6 sem. Tenez le sol frais pour favoriser la levée. Éclaircissez sur les lignes de carottes, navets et radis semés en mars.
Samedi 15 – Dim. 16	20h23	P	16h – 16h
Dim. 16	♒		

Samedi
1

Dim.
2

Lundi
3

Mardi
4

Merc.
5

Jeudi
6

Vend.
7

Samedi
8

Dim.
9

Lundi
10

Mardi
11

Merc.
12

Jeudi
13

Vend.
14

Samedi
15

Dim.
16

Dim. 16 — P — 16h

Lundi 17 — 14h09

Semez en pleine terre ou sous abri les annuelles et les vivaces (aneth, phacélie, reine-marguerite, capucine, lavatère, souci, gaillarde, centaurée, ancolie, pétunia, œillet d'Inde, nigelle, zinnia, brize, eschscholzia, etc.). Bouturez les lantanas, les pelargonium, l'héliotrope, les fuchsias, l'anthémis…

Mardi 18

Plantez choux, laitues, ciboulette, estragon et oseille. Faites tremper les mottes avant plantation et délitez-les pour que les racines s'installent vite en terre. Récoltez en matinée les jeunes pousses d'ortie pour les préparations biodynamiques.

Merc. 19 — 17h → 20h ☌

Jeudi 20 — 06h55 — 06h12 → 06h17 éclipse de soleil — ☊ 10h → 17h

Vend. 21

Sous abri ou sous voile, semez courgettes, potirons, poivrons, melons, concombres et piments. Directement en pleine terre, les plantes sont plus fortes et plus résistantes à la sécheresse, mais au nord de Paris, il est encore préférable de semer en godets pour repiquer après les saints de glace.

12h → 15h ☌

Samedi 22 — 01h36

Dim. 23

LUNE MONTANTE

Sarclez entre les rangs des premiers légumes-racine semés pour éliminer les mauvaises herbes. Éclaircissez sur les lignes de carottes, navets, radis : certains font d'excellents « mini-légumes » très tendres…

12h → 15h ☌

Lundi 24 — 21h20

Mardi 25 — 8h

Merc. 26

Plantez les éclats d'artichauts (de mi-avril à mi-mai) pour une récolte possible début octobre. Si votre terre est lourde, ajoutez du sable pour faciliter l'enracinement profond et le drainage. Plantez les bulbes d'été : glaïeuls, lis, dahlias. Ils font d'excellentes fleurs coupées et coupent les rotations du potager tout en attirant des insectes bénéfiques.

Jeudi 27 — 04h48

LUNE DESCENDANTE = PLANTATION

Semez du cresson alénois sur des sols bien orienté au soleil et du cresson de fontaine dans les terrains humides. Semez également des choux (rave, cabus, de Milan et de Bruxelles) en motte de préférence.

1h

Vend. 28 — A — 13h — 23h10

Samedi 29

Dim. 30

Semez en pleine terre pois, haricots et maïs doux. Le maïs peut servir de tuteur aux haricots grimpants si vous le semez 10 j. avant ces derniers. Greffez pommiers, poiriers, pruniers, noyers, vignes, cognassiers et groseilliers. Taillez les branches des pêchers atteints par la cloque et ne portant pas de fruits.

Dim.
16

Lundi
17

Mardi
18

Merc.
19

Jeudi
20

Vend.
21

Samedi
22

Dim.
23

Lundi
24

Mardi
25

Merc.
26

Jeudi
27

Vend.
28

Samedi
29

Dim.
30

MAI

Après le Bélier en première partie du mois, le Soleil visite la constellation de Terre du Taureau, un bon signe pour les légumes-racine de conservation.

QUELQUES REPÈRES PHÉNOLOGIQUES

- Floraison des pivoines, du thym, des ronces, du lin, de la sauge des prés, des robiniers faux-acacia 1… Surveillez et notez les dates de floraison du sureau, du cytise, de l'aubépine.
- Le Martinet noir 2 et le loriot sont de retour début mai dans nos compagnes. Sur les plantes, apparition des « crachats de coucou » sécrétés par les larves de cicadelles. Fin mai, apparition de la cétoine doré 3, très beau coléoptère aux couleurs métalliques.

AU JARDIN

- Les semis en terre des haricots, maïs doux, courges, etc. peuvent démarrer.
- Scarifiez le gazon pour éliminer les mousses.
- Dans la deuxième quinzaine du mois, les saints de glace passés (11 au 13 mai), repiquez les plantes les plus sensibles au froid. Plantez les premières tomates en pleine terre. Pulvérisez de la bouse de corne au moment de la plantation.

PRÉPARATIONS BIODYNAMIQUES

Prévenez les maladies et ravageurs.
Réalisez des purins de limaces et d'escargots, incinérez les varroas, doryphores et coléoptères nuisibles, intensifiez les traitements préventifs contre les maladies cryptogamiques.

VERGER ET HAIES

Greffage des arbres fruitiers et d'ornement.

AU CHAMP

En jour-fleur et si la météo s'y prête, commencez les foins.

RUCHE

- Période de l'essaimage naturel. Naissance des reines. Vous veillerez à maintenir les dynamiques de population et surveillerez de près le varroa.
- Pour ceux qui n'en ont pas encore, c'est le moment idéal pour démarrer une ruche d'élevage.

JOURS	TEMPÉRATURES (°C)		PLUIE (ML)	VENT (KM/H)		MÉTÉO					OBSERVATIONS PHÉNOLOGIQUES
	Min	Max		direct.	force						
Lundi **1**											
Mardi **2**											
Merc. **3**											
Jeudi **4**											
Vend. **5**											
Samedi **6**											
Dim. **7**											
Lundi **8**											
Mardi **9**											
Merc. **10**											
Jeudi **11**											
Vend. **12**											
Samedi **13**											
Dim. **14**											
Lundi **15**											
Mardi **16**											
Merc. **17**											
Jeudi **18**											
Vend. **19**											
Samedi **20**											
Dim. **21**											
Lundi **22**											
Mardi **23**											
Merc. **24**											
Jeudi **25**											
Vend. **26**											
Samedi **27**											
Dim. **28**											
Lundi **29**											
Mardi **30**											
Merc. **31**											

Saints de glace

Jour	Signe	Lune	Conseils
Lundi 1	♌ 20h52	Lune descendante = plantation	Semez en pleine terre pois, haricots et maïs doux. Le maïs peut servir de tuteur aux haricots grimpants si vous le semez 10 j. avant ces derniers. Greffez pommiers, poiriers, pruniers, noyers, vignes, cognassiers et groseilliers.
Mardi 2			Récolter les premiers radis semés sous abris
Merc. 3	♍		12h ☿☋ 20h
Jeudi 4		☋	20h → 3h
Vend. 5	11h04	19h23 19h34 ☺	→ éclipse de lune. Taillez aussitôt la floraison passée les buissons à fleurs précoces (forsythia, groseillier sanguin). Semez en pleine terre ou sous abri annuelles et vivaces aromatiques ou comestibles. Considérez-les comme des engrais verts et intercalez-les avec les autres cultures.
Samedi 6	♎ 18h59		
Dim. 7	♏		Si ce n'est pas déjà fait, semez persil, laitues, arroche, épinards, tétragone, roquette et choux (brocolis, fleurs, raves, pommés, de Bruxelles, romanesco). Faites un semis en mélangeant salade, radis et carottes. En récoltant les premiers radis, vous ferez de la place aux salades, qui ensuite laisseront les carottes se développer. Le terrain est mieux occupé.
Lundi 8			
Mardi 9	00h17	10h	Taillez les branches des pêchers atteints par la cloque et ne portant pas de fruits. Cela favorisera la repousse de branches plus saines et sauvera quelques pêches. 19h → 22h ☌
Merc. 10	♐		Posez des pièges à mouche de la cerise et des bandes de carton ondulées autour du tronc des pommiers pour piéger le carpocapse. Palissez les framboisiers qui s'allongent. Bouturez groseilliers et cassissiers. 20h
Jeudi 11	02h51	P	20h
Vend. 12	♉	Lune montante	Sarclez entre les rangs des premiers légumes-racine semés. S'il fait beau, les mauvaises herbes sans graines peuvent être laissées au sol, qu'elles enrichissent en se décomposant. Si les pommes de terre pointent, enterrez les jeunes pousses en ramenant de la terre en butte ou en accumulant autour d'elles des déchets végétaux du jardin (tontes, végétaux coupés). En favorisant l'allongement des tiges, on améliore leur production. 22h △ 2h
Samedi 13	02h ♒		Semez du brocoli, des annuelles comme la capucine, la bourrache dont on pourra consommer les fleurs en salade. Plantez les bulbes (glaïeuls, dahlias, montbrétias…) et les balconnières, géraniums, lantana, surfinia. Si nécessaire traitez les rosiers contre les pucerons à l'aide d'une pulvérisation de savon noir.
Dim. 14	20h35		9h △ 19h
Lundi 15	♓		
Mardi 16			Repiquez les poireaux semés en mars dernier.

Saints de glace (11–13)

Lundi 1

Mardi 2

Merc. 3

Jeudi 4

Vend. 5

Samedi 6

Dim. 7

Lundi 8

Mardi 9

Merc. 10

Jeudi 11

Vend. 12

Samedi 13

Dim. 14

Lundi 15

Mardi 16

	✻	☽		
Mardi **16**	♓			Repiquez les poireaux semés en mars dernier.
Merc. **17**	14h52			12h → 15h ☌
		☊		18h → 1h
Jeudi **18**	♈			Semez une nouvelle série de maïs doux et des cucurbitacées (potimarrons de variétés diverses en pleine terre). Repiquez les aubergines, tomates, poivrons et courges semés sous abris les mois précédents.
Vend. **19**	10h09	☻ 17h53		23h → 2h ☌
Samedi **20**	♉	LUNE MONTANTE		Semez radis, navets, betteraves rouges. Semez panais, salsifis, scorsonères et carottes si ce n'est pas déjà fait. Si le sol a déjà tendance à sécher, arrosez avant de l'ameublir (sans retourner) pour assurer une réserve d'humidité et inciter les racines à descendre en profondeur.
Dim. **21**				5h △ 23h
Lundi **22**	05h50	17h		
Mardi **23**	♊			Les premières fleurs de courgettes s'épanouissent sans donner de fruits. N'oubliez pas qu'elles font d'excellents plats, frites ou farcies… Semez des tournesols en lisière de potager.
Merc. **24**	12h54			Divisez les pieds de ciboulette pour rajeunir votre culture et avoir des pousses goûteuses au début de l'été. Coupez feuilles et fleurs et divisez en petits bouquets que vous replanterez dans un sol riche et frais. Semez des salades « à couper » plus résistantes à la chaleur que la plupart des autres variétés. Une ligne dense vous offrira des cueillettes quotidiennes. Semez en pleine terre bettes, laitues, chicorées, arroche, roquette, poireaux d'hiver, épinards, persil, pourpier, cerfeuil et choux (de Bruxelles, pommés, fleurs, raves).
Jeudi **25**	♋	A	20h	
Vend. **26**	07h11		8h	
Samedi **27**	♌	LUNE DESCENDANTE = PLANTATION		Dans toutes les régions (sauf montagne), on peut maintenant planter des tomates en pleine terre, au soleil, en fichant aussitôt un tuteur pour soutenir leur croissance. Dans les régions à atmosphère humide, il vaut mieux leur prévoir un abri pour les protéger de la pluie, tout en les laissant respirer.
Dim. **28**				
Lundi **29**	05h24			
Mardi **30**	♍			Repiquez les céleris-raves, arrosez les radis en cas de manque de pluies pour adoucir leur goût ; récoltez les premières carottes hâtives ainsi que les radis, cela permet de les éclaircir du même coup.
Merc. **31**				

Mardi 16

Merc. 17

Jeudi 18

Vend. 19

Samedi 20

Dim. 21

Lundi 22

Mardi 23

Merc. 24

Jeudi 25

Vend. 26

Samedi 27

Dim. 28

Lundi 29

Mardi 30

Merc. 31

JUIN

Solstice d'été. Le Soleil est au zénith et arrive devant la constellation de Lumière des Gémeaux.

QUELQUES REPÈRES PHÉNOLOGIQUES

- Le tilleul 1, l'achillée millefeuille 2, la valériane 3 ou encore le châtaigner sont en pleine floraison.
- Apparition de l'abeille à culottes. Courant juin, dans le Midi, début du chant des cigales 4, ce qui annonce le début des chaleurs estivales.

AU JARDIN

- Mettez en place les légumes de conservation pour l'hiver, poireaux, carottes, betteraves rouges, choux. Terminez les plantations de Cucurbitacées, de tomates, poivrons, melons, concombres, aubergines. Ajoutez une poignée d'ortie et de compost dans le trou de plantation de ces légumes gourmands en matière organique.
- Éclaircissez les jeunes plantes et sarclez entre les lignes pour éviter l'invasion d'herbes spontanées et favoriser l'aération des cultures.
- Contre les limaces et les doryphores, agissez comme décrit page 64.
- Veillez aux arrosages, la croissance des jeunes plantes se doit d'être continue.

PRÉPARATIONS BIODYNAMIQUES

- Appliquez par pulvérisation la silice de corne à toutes les cultures pour renforcer les tissus des végétaux dès que les plants sont installés et que les 4-5 premières feuilles sont développées. Réalisez une deuxième pulvérisation 1 à 2 semaines avant la récolte.

AU CHAMP

En jour-fleur, continuez les foins.

RUCHE

À la ruche, la population de la colonie peut atteindre son maximum. Nourrissez les colonies si vous vous rendez compte qu'il n'y a plus de miellée. Il faut prendre soin des essaims créés les mois précédents. Continuez l'élevage des reines.

JUIN

JOURS	TEMPÉRATURES (°C)		PLUIE (ML)	VENT (KM/H)		MÉTÉO					OBSERVATIONS PHÉNOLOGIQUES
	Min	Max		direct.	force						
Jeudi **1**											
Vend. **2**											
Samedi **3**											
Dim. **4**											
Lundi **5**											
Mardi **6**											
Merc. **7**											
Jeudi **8**											
Vend. **9**											
Samedi **10**											
Dim. **11**											
Lundi **12**											
Mardi **13**											
Merc. **14**											
Jeudi **15**											
Vend. **16**											
Samedi **17**											
Dim. **18**											
Lundi **19**											
Mardi **20**											
d'été Merc. **21**											
Jeudi **22**											
Vend. **23**											
Samedi **24**											
Dim. **25**											
Lundi **26**											
Mardi **27**											
Merc. **28**											
Jeudi **29**											
Vend. **30**											

Jour	*	☽
Jeudi 1	♍ 20h18	☊ 4h → 12h ; LUNE DESCENDANTE = PLANTATION
Vend. 2	♎	
Samedi 3	04h02	
Dim. 4	♏	☺ 5h42
Lundi 5	08h19	18h
Mardi 6	♐	
Merc. 7	09h30	13h P 13h
Jeudi 8	♑	LUNE MONTANTE
Vend. 9	07h40	
Samedi 10	♒	
Dim. 11	01h56	4h → 14h △
Lundi 12	♓	
Mardi 13	20h55	
Merc. 14	♈	☊ 22h → 5h ; 5h → 8h ♂
Jeudi 15	16h56	
Vend. 16	♉	

Semez des capucines, des cosmos, des calendulas, des œillets d'Inde, des ancolies, des centaurées, des gaillardes, des mufliers, des pétunias, de la sauge scabieuse, des rudbeckias, de la verveine, du tabac, des bleuets, des coréopsis, des clarkias, des nigelles, de la brize, des reines-marguerites, de l'escholtzia... ... Repiquez les annuelles qui ont atteint la bonne taille. Plantez des vivaces, des lis, etc. Sortez les géraniums et autres plantes à balconnières. Bouturez les géraniums et les arbustes à fleur. Plantez des arbres et arbustes à fleurs.

Semez en pleine terre des brocolis, dans un petit carré aménagé en pépinière. Pralinez les racines avant repiquage. Choisissez les plants pourvus d'un beau bourgeon au cœur. Récolter les salades printanières, l'oseille, avant qu'elles ne montent, mais en coupant au ras du sol. En arrosant les racines, de nouvelles pousses apparaîtront très vite et pourront être récoltées d'ici trois à quatre semaines.

Taillez les tomates à mesure de leur croissance en pinçant les bourgeons secondaires qui se développent à l'aisselle des feuilles. Récoltez les pois, si possible peu de temps avant de les consommer. Pulvérisez de la silice de corne sur toutes les plantes cultivées assez développées pour renforcer leur résistance aux maladies.

Semez les carottes pour la conservation en posant une graine de radis tous les mètres afin d'avoir un repaire pour un désherbage précoce, le radis germe bien avant la carotte. S'il y a des trous dans les lignes, repiquez des betteraves rouges.

Continuez la taille des arbustes à fleurs plus tardives (seringat, deutzia, weigela, kerria), en coupant à leur base les rameaux défleuris. Cela stimule la production de jeunes pousses très florifères l'année suivante. Repiquez les plantes annuelles qui ont une belle taille. Récoltez les fleurs de capucine pour les mettre en salade.

Repiquez les jeunes poireaux semés au début du printemps pour qu'ils grossissent mieux. Recoupez racines et feuillages pour favoriser la reprise. On trouve aussi des jeunes plants sur les marchés ou en jardineries. Les oignons commencent à fatiguer ? Laissez le feuillage mûrir (jaunir et sécher) avant de commencer à les arracher.

Semez en pleine terre des haricots (espacez les semis toutes les 3 sem. afin de bien répartir les récoltes). Il est tard pour les haricots grimpants mais toutes les variétés « naines » sont bien adaptées aux semis tardifs. Sarclez autour des légumes-fruit pour limiter la concurrence des adventices.

Semez radis, navets, betteraves rouges, panais, scorsonères et carottes de conservation.

Jeudi 1

Vend. 2

Samedi 3

Dim. 4

Lundi 5

Mardi 6

Merc. 7

Jeudi 8

Vend. 9

Samedi 10

Dim. 11

Lundi 12

Mardi 13

Merc. 14

Jeudi 15

Vend. 16

Vend. 16	♉	LUNE MONTANTE	Sarclez entre les rangs des légumes-racine et éclaircissez si nécessaire sur les lignes. Éclaircissez les plants d'oignon trop serrés et récoltez l'ail.
Samedi 17			
Dim. 18	13h19	6h37	
Lundi 19	♊	00h	Nettoyez vos rosiers à mesure que les fleurs fanent, cela stimule les remontées et l'apparition de fleurs fraîches. Pour les rosiers non remontants (anciens), mieux vaut attendre la fin de floraison et couper près de leur base les branches défleuries complètes.
Mardi 20	20h24		
Merc. 21 (solstice d'été)	♋	LUNE DESCENDANTE = PLANTATION	Semez des choux de Chine (en terre forte et humide). Semez bettes, laitues, chicorées, arroche, roquette, épinards, persil, pourpier, cerfeuil et choux (raves, fleurs). Repiquez laitues, chicorées scaroles, poireaux, bettes, choux (raves, brocolis, fleurs, pommés) ciboulette et autres plantes aromatiques. Scarifiez le gazon pour éliminer les mousses.
Jeudi 22	14h38		5h ☿☊ 17h
Vend. 23	♌		
Samedi 24			Paillez sous les jeunes arbres fruitiers après avoir sarclé. Placez du carton ondulé autour des troncs des pommiers et des pièges à phéromones pour lutter contre le carpocapse.
Dim. 25	13h20		
Lundi 26	♍		Protégez les carottes de la mouche en intercalant leur ligne de culture entre deux lignes de poireaux. Attention aux panais, leur feuillage se développe et gêne parfois les cultures voisines. Buttez les pommes de terre, régulez la présence des doryphores en les ramassant si possible et appliquez une tisane d'ortie pour stimuler leur résistance au mildiou.
Mardi 27			
Merc. 28		☋	10h → 18h
Jeudi 29	05h48 ♎		18h → 6h △ Greffez rosiers et tulipiers lilas, cognassiers du Japon, magnolias, camélias et sorbiers. Bouturez hortensias, forsythias et autres arbustes à fleurs. Taillez les arbres et arbustes qui ont terminé leur floraison.
Vend. 30	13h56 ♏		6h30 → 14h30 △

Vend. 16

Samedi 17

Dim. 18

Lundi 19

Mardi 20

Merc. 21

Jeudi 22

Vend. 23

Samedi 24

Dim. 25

Lundi 26

Mardi 27

Merc. 28

Jeudi 29

Vend. 30

JUILLET

Le Soleil quitte les Gémeaux pour rejoindre la constellation d'Eau du Cancer.

QUELQUES REPÈRES PHÉNOLOGIQUES

- Le millepertuis (1), l'arnica (2) et nombre de plantes sauvages sont en pleine floraison. Au jardin et au verger, on entre dans les périodes de maturation des fruits (3). Les Agrions jouvencelles s'accouplent et pondent leurs œufs (4).

AU JARDIN

- La corvée d'arrosage est souvent nécessaire en raison des fortes chaleurs qui entraînent une évaporation rapide de l'eau du sol.

- Couvrez les interrangs avec de la paille, des adventices, du compost ou toute autre matière organique disponible.

PRÉPARATIONS BIODYNAMIQUES

- Pour la qualité alimentaire et la résistance aux maladies, il faut poursuivre les pulvérisations de silice de corne.
- Pour les repiquages, il ne faut pas hésiter à pulvériser de la bouse de corne afin de faciliter le développement racinaire.
- Les tomates apprécieront particulièrement une pulvérisation matinale de tisane de pissenlit.
- Dès les premiers stress hydriques, n'hésitez pas à pulvériser une tisane de camomille matricaire.
- Rajoutez des extraits fermentés d'ortie ou de consoude pour stimuler les plantes exigeantes en fertilisant (courgettes, tomates, aubergines, potirons…) à hauteur de 10 à 20 % dans les seaux d'eau d'arrosage.
- Récoltez les fleurs d'achillée, de valériane et de prêle pour faire des préparations.

AU CHAMP

Réalisez la fauche tardive des foins en jour-fleur.

RUCHE

C'est la période de récolte du miel. Celle-ci doit s'accompagner d'un nourrissement de la colonie. La disette fait son apparition parfois, les abeilles, comme les plantes, sont assoiffées et bénéficient de moins de nectar.

JOURS	TEMPÉRATURES (°C)		PLUIE (ML)	VENT (KM/H)		MÉTÉO					OBSERVATIONS PHÉNOLOGIQUES
	Min	Max		direct.	force						
Samedi **1**											
Dim. **2**											
Lundi **3**											
Mardi **4**											
Merc. **5**											
Jeudi **6**											
Vend. **7**											
Samedi. **8**											
Dim. **9**											
Lundi **10**											
Mardi **11**											
Merc. **12**											
Jeudi **13**											
Vend. **14**											
Samedi **15**											
Dim. **16**											
Lundi **17**											
Mardi **18**											
Merc. **19**											
Jeudi **20**											
Vend. **21**											
Samedi **22**											
Dim. **23**											
Lundi **24**											
Mardi **25**											
Merc. **26**											
Jeudi **27**											
Vend. **28**											
Samedi **29**											
Dim. **30**											
Lundi **31**											

Jour	*	☽	
Samedi 1	♏		Semez de la chicorée frisée, du fenouil, du chou de Chine et de la roquette. Récoltez des feuilles d'arroche pour les cuire comme des épinards. Repiquez des laitues, du chou d'hiver et de la roquette. Fauchez les engrais verts et laissez-les en couverture du sol en attendant la mise en place des cultures d'arrière-saison.
Dim. 2	18h09		
Lundi 3	♐	4h ☺ 13h39	Maintenez le rythme de 3 sem. pour les semis des haricots afin de bien répartir les récoltes et semez des courgettes pour les dernières récoltes d'automne. C'est le moment pour stimuler les plantes gourmandes en fertilisants (Cucurbitacées, tomates, aubergines) avec des extraits fermentés d'ortie ou de consoude à hauteur de 10 à 20 % dans les seaux d'eau. Buttez pois et haricots selon leur taille. Récoltez pois, haricots, cassis, framboises, cerises et groseilles. Greffez poiriers, néfliers et pruniers.
Mardi 4	18h22		3h ♀☋
Merc. 5	♉	P	12h – 12h
Jeudi 6	15h09		12h
Vend. 7	♒		Récoltez la prêle des champs que vous sécherez pour l'utiliser contre les maladies cryptogamiques. Binez les brocolis et autour des massifs floraux. Cueillez du millepertuis pour en faire une macération solaire (utile en particulier contre les brûlures).
Samedi 8	08h14		
Dim. 9	♓		Récoltez, le matin de préférence, salades, chou-raves, roquette, épinards et persil. Au moment des repiquages et plantations de laitues, chicorées scaroles, poireaux, bettes, choux (raves, brocolis, fleurs, pommés), de la ciboulette et autres plantes condimentaires et aromatiques, pulvérisez de la bouse de corne pour faciliter la reprise et la formation des racines.
Lundi 10		☊	23h → 7h
Mardi 11	02h19		20h → 23h ♂
Merc. 12	♈	LUNE MONTANTE	Appliquez la silice de corne sur les légumes-fruit (et bien entendu sur les arbres et arbustes fruitiers) pour améliorer leur qualité gustative et leur résistance aux conditions climatiques et aux maladies. Taillez le melon à deux feuilles après le fruit en formation. Récoltez groseilles, cassis, framboises.
Jeudi 13	22h30		
Vend. 14	♉		Récoltez radis, carottes, navets, betteraves rouges, pommes de terre, oignons et échalotes pour la consommation courante. Récoltez les oignons si ce n'est pas encore fait. Laissez-les réssuyer quelques heures au soleil avant stockage.
Samedi 15	19h34		
Dim. 16	♊	5h	Couvrez le sol avec un mulch d'adventices ou de compost pour limiter les arrosages autour des arbres et arbustes.

Samedi 1

Dim. 2

Lundi 3

Mardi 4

Merc. 5

Jeudi 6

Vend. 7

Samedi 8

Dim. 9

Lundi 10

Mardi 11

Merc. 12

Jeudi 13

Vend. 14

Samedi 15

Dim. 16

Jour	Signe	Lune	Conseils
Dim. 16 / Lundi 17	♊	☻ 20h32	Couper les fleurs pour faire des bouquets. Couper les fleurs pour les bouquets, les annuelles semées au printemps, mais aussi les vivaces ou les premiers dahlias. Cueillies le matin, au moment où les boutons s'ouvrent, elles restent épanouies plus longtemps.
Mardi 18 / Merc. 19	02h59 ♋ 21h15		Semez la chicorée rouge de Vérone dont vous apprécierez le goût exceptionnel tout l'hiver. Semez des engrais verts sur les premières parcelles libérées par la récolte.
Jeudi 20		A	1h – 13h
Vend. 21 / Samedi 22	♌ 20h09	LUNE DESCENDANTE = PLANTATION	Arrosez tomates, courgettes, potirons, aubergines, melons et poivrons avec des extraits fermentés d'ortie et de consoude. Sarclez autour des légumes-fruit pour limiter la concurrence des adventices. Récoltez haricots, tomates, courgettes, aubergines, poivrons, piments. Paillez sous les jeunes arbres fruitiers après avoir sarclé. Greffez poiriers, néfliers et pruniers.
Dim. 23 / Lundi 24	♍		Semez radis, navets, scorsonères et carottes hâtives (nantaise). Buttez les pommes de terre. Sarclez entre les rangs des légumes-racine et éclaircissez si nécessaire sur les lignes. Récoltez radis, carottes, navets et betteraves rouges.
Mardi 25		☋	13h → 20h
Merc. 26 / Jeudi 27	14h15 ♎ 23h14		Semez des fleurs bisannuelles et des vivaces. Semez échinacée, sauge sclarée, lychnis, lunaires et juliennes des dames pour les repiquer à l'automne. Repiquez l'achillée millefeuille, l'euphorbe, le fenouil, la gaura, l'hélianthe, la lavande le miscanthus, la nepeta, la digitale, l'onagre, etc. Plantez des brocolis. Greffez camélias, azalées, rosiers, chamaecyparis, jasmins, clématites, etc. Coupez les fleurs pour mettre en bouquet ou consommer en salade (capucine, bourrache ou souci).
Vend. 28 / Samedi 29	♏		Semez laitues, chicorées, arroche, roquette, épinards, persil, pourpier, cerfeuil et choux. Semez de la chicorée rouge de Vérone (il est possible de la semer en pot) et de la mâche à grosse graine sur un sol ferme, bien tassé après le semis. Semez en place du chou de Chine qui n'aura pas besoin de repiquage.
Dim. 30 / Lundi 31	04h32 ♐	13h	11h ☿☋ 23h. Dernière limite pour semer des haricots en plein champ.

Dim.
16

Lundi
17

Mardi
18

Merc.
19

Jeudi
20

Vend.
21

Samedi
22

Dim.
23

Lundi
24

Mardi
25

Merc.
26

Jeudi
27

Vend.
28

Samedi
29

Dim.
30

Lundi
31

AOÛT

Le Soleil va atteindre la constellation de Chaleur du Lion, chaleur qui va permettre d'activer la maturation des fruits et légumes.

QUELQUES REPÈRES PHÉNOLOGIQUES

- Apparition des fleurs de callune (1), des premières pommes mûres et des mirabelles (2). Dans le Sud, les vendanges commencent.
- Les cigognes (3) se rassemblent pour repartir dans les pays chauds, le Loriot (4) les suit, ouvrant le grand départ des oiseaux insectivores, quelques semaines plus tard.

AU JARDIN

- En cas de sécheresse et de canicule prolongée, l'utilisation de tisane d'achillée millefeuille sera d'une aide précieuse (10 g de sommités fleuries pour 2 l d'eau).
- Début des semis des légumes d'arrière-saison sur les parcelles libérées par les premières récoltes de pommes de terre, d'oignons ou de haricots.

PRÉPARATIONS BIODYNAMIQUES

- Une deuxième pulvérisation de bouse de corne peut s'avérer pertinente, elle accompagnera à bon escient le travail du sol, les semis et plantations. De même pour la silice de corne, en particulier sur les plantes sensibles aux maladies cryptogamiques (tomates, les pommes de terre, haricots).
- Les pulvérisations de décoction de prêle, de tisanes associées avec l'ortie seront des compléments forts utiles, surtout si la fin du mois se rafraîchit et s'humidifie.
- Récoltez l'écorce de chêne en vue de la réalisation des préparations biodynamiques (*cf.* p. 23).

RUCHE

Dès que les abeilles auront suffisamment amassé de miel pour l'hiver, profitez-en pour réduire la taille des colonies.

JOURS	TEMPÉRATURES (°C)		PLUIE (ML)	VENT (KM/H)		MÉTÉO					OBSERVATIONS PHÉNOLOGIQUES
	Min	Max		direct.	force						
Mardi **1**											
Merc. **2**											
Jeudi **3**											
Vend. **4**											
Samedi **5**											
Dim. **6**											
Lundi **7**											
Mardi **8**											
Merc. **9**											
Jeudi **10**											
Vend. **11**											
Samedi **12**											
Dim. **13**											
Lundi **14**											
Mardi **15**											
Merc. **16**											
Jeudi **17**											
Vend. **18**											
Samedi **19**											
Dim. **20**											
Lundi **21**											
Mardi **22**											
Merc. **23**											
Jeudi. **24**											
Vend. **25**											
Samedi **26**											
Dim. **27**											
Lundi **28**											
Mardi **29**											
Merc. **30**											
Jeudi **31**											

Mardi 1 — 4h51 — 20h31 — 10h → 20h △

Merc. 2 — ♉ — P — 20h — 20h

Jeudi 3 — 00h50

Vend. 4 — ♒

En cas d'attaques d'oïdium sur les rosiers, une pulvérisation de lait ou de petit-lait (lactosérum) sera tout à fait pertinente (dilué à 10 ou 20 % dans de l'eau), elle pourra éviter le traitement au soufre. Coupez les fleurs fanées pour stimuler la formation de nouvelles fleurs.
Supprimez régulièrement les roses fanées afin de stimuler une floraison continue jusqu'en automne.

LUNE MONTANTE

Samedi 5 — 16h42

Dim. 6 — ♓

Coupez des côtes de bette pour stimuler la pousse des prochaines feuilles. Sarclez entre les lignes de poireaux. Semez laitues d'automne, chicorées (scarole et frisée), cresson et roquette. Semez du cresson alénois et à grandes feuilles pour varier les salades à présenter au repas. Maintenez de l'humidité au sol pour les semis de légumes-feuilles en maintenant un voile de forçage tant que les graines n'ont pas toutes bien levé.

Lundi 7 — 8h49 — ☊ — 1h → 9h

Mardi 8 — ♈

Récoltez les tomates et transformez-les à votre convenance, en sauce, séchées, ou ratatouille avec les courgettes, aubergines et poivrons. Les jours-fruit permettent une bonne conservation des aliments transformés. Faites des confitures de myrtilles.

Merc. 9 — 04h15

Semez radis roses et radis d'hiver (noir, blanc ou bleu d'automne). Récoltez pommes de terre, oignons, échalotes, navets, carottes, betteraves rouges. Sarclez entre les rangs des légumes-racine et éclaircissez si nécessaire sur les lignes.

Jeudi 10 — ♉ — 5h △ 1h

Vend. 11

Semez des navets d'automne (Boule d'Or et Nancy) et des engrais verts comme la moutarde ou le trèfle rouge, qui passeront l'hiver sur les parcelles.

Samedi 12 — 01h12 — 10h

Dim. 13 — ♊

Semez de l'adonis d'été, du bleuet, du pied d'alouette, de la nielle des blés, de la sauge sclarée, des lychnis, des lunaires, des juliennes des dames et un mélange de gazon fleuri pour le printemps. Repiquez de l'achillée millefeuille, de l'euphorbe, du fenouil, de la gaura, de l'hélianthe, de la lavande, du miscanthus, de la nepeta, de la digitale, de l'onagre, etc. Greffez les camélias, les azalées, les rosiers, les chamaecyparis, les jasmins, les clématites, etc.

LUNE DESCENDANTE = PLANTATION

Lundi 14 — 08h55

Mardi 15 — ♋

C'est un bon moment pour planter les légumes feuilles vivaces comme l'oseille, le chou d'Aubenton, l'arroche, ou encore des jeunes plants d'angélique.
Semez de la mâche, celle-ci apprécie les sols fermes donc évitez de trop aérer le sol.

Merc. 16 — 03h17 — ♌ — 11h38 — A — 6h 18h

Mardi 1	
Merc. 2	
Jeudi 3	
Vend. 4	
Samedi 5	
Dim. 6	
Lundi 7	
Mardi 8	
Merc. 9	
Jeudi 10	
Vend. 11	
Samedi 12	
Dim. 13	
Lundi 14	
Mardi 15	
Merc. 16	

Merc. 16 — 03h17 — ☺ 11h38 — A 6h – 18h

Jeudi 17 — ♌

Vend. 18

Pulvérisez une silice de corne le matin pour stimuler la résistance des légumes sensibles aux maladies comme la tomate, les courgettes et pour achever la maturation des fruits.
Sarclez autour des légumes-fruit pour limiter la concurrence des adventices que vous pourrez étaler en mulch au pied des tomates, aubergines ou poivrons.
Buttez les dernières rangées de haricots.
Pour assurer une production constante, il faut maintenir l'alimentation en eau.

Samedi 19 — 02h08 — 00h → 3h ☌

Dim. 20 — ♍

Lundi 21 — ☊ 14h → 22h

Semez les racines d'arrière-saison : navets, radis d'hiver (rose de Chine, Green meat, noir long maraîcher…).
Maintenez l'humidité dans les semis pour leur permettre un bon démarrage.
Récoltez les variétés précoces de pommes de terre en les laissant au sol une journée avant stockage.

Mardi 22 — 21h01

Merc. 23 — ♎

Bouturez les rameaux aoûtés de rosiers, weigelia, spirée, buddléia, etc.
Veillez au paillage des rosiers pour limiter l'évaporation.

Jeudi 24 — 06h50

Vend. 25 — ♏

Plantez salades, chou-rave et chou-fleur.
Les choux profitent bien des arrière-saisons, des jours qui raccourcissent.

LUNE DESCENDANTE = PLANTATION

Samedi 26 — 13h49

Dim. 27 — ♐ — 22h

Plantez des fraisiers. Récoltez haricots, tomates, courgettes, poivrons, melons, pommes des moissons, maïs doux, etc. Paillez sous les jeunes arbres fruitiers après avoir sarclé et taillez les gourmands. Arrosez régulièrement les légumes-fruit (excepté les haricots) avec des extraits fermentés d'ortie ou de consoude ; la pulvérisation de silice améliorera la qualité gustative et la conservation.

Lundi 28 — 15h23

Mardi 29 — ♑

Éclaircissez les semis de radis d'hiver et de navets. Semez des oignons blancs, des radis hâtifs, des navets et des engrais verts non gélifs qui pourront rester en place l'hiver. Continuez la récolte des pommes de terre. En cas d'attaques d'altises des crucifères, commencez par le poudrage à l'argile ou au basalte.

Merc. 30 — 12h09 — P 6h – 6h

Jeudi 31 — ♒ — ☺ 3h35

Tuteurez les asters, tournesols et autres fleurs de haute taille.
Terminez les semis de vivaces comme la rose trémière, l'ancolie, la centaurée, la marguerite des prés, qui fleuriront au printemps prochain.

LUNE MONTANTE

AOÛT

Merc. 16	
Jeudi 17	
Vend. 18	
Samedi 19	
Dim. 20	
Lundi 21	
Mardi 22	
Merc. 23	
Jeudi 24	
Vend. 25	
Samedi 26	
Dim. 27	
Lundi 28	
Mardi 29	
Merc. 30	
Jeudi 31	

SEPTEMBRE

Le jour de l'équinoxe, nous entrons dans l'automne.

QUELQUES REPÈRES PHÉNOLOGIQUES

- Les premières noix sont mûres, la récolte des pommes démarre ① et le lierre commun fleurit. Les arbres commencent à préparer leurs bourgeons pour l'année prochaine.
- Certains canards migrateurs arrivent pour hiverner en France pendant que les hirondelles repartent ②. L'araignée argiope frelon construit son cocon ③ à la fin du mois de septembre. Le cocon est assez gros et ressemble à une montgolfière inversée. Fin septembre aussi, bref apparition du bombyx de la ronce ④, papillon qui hiberne à l'état de chenille et fin septembre, part à la recherche du lieu idéal pour hiberner. Apparition de la collète du lierre ⑤, abeille sauvage solitaire inféodée à cette liane nourricière.

AU JARDIN

- Phase intensive de récolte et de transformations.
- Dans les sols légers (limons et sables), implanter des engrais verts est la meilleure solution pour maintenir la structure du sol et fournir des éléments nutritifs pour les plantes du printemps.
- Surveillez l'apparition de mildiou, de l'oïdium et autres maladies cryptogamiques et pulvérisez au moins tous les 15 jours une décoction de prêle additionnée d'ortie. Rajoutez 2 poignées d'ortie à la macération de prêle et laissez refroidir (*cf.* p. 58).

PRÉPARATIONS BIODYNAMIQUES

- La silice de corne sera encore bien utile pour renforcer la résistance des plantes aux maladies.
- Une décoction d'écorce de chêne ou de bourdaine renforce le durcissement des cuticules des plantes et en particulier des enveloppes extérieures des fruits à baies comme le raisin.
- Maintenez votre vigilance contre les limaces et agissez en conséquence (*cf.* p. 64).

AU CHAMP

Le semis des céréales d'hiver va doucement commencer. Procédez en jour-fruit.

RUCHE

Réunissez les ruches faibles et resserrez les colonies. Septembre est un mois de transition où vous commencez déjà à préparer l'hiver.

JOURS	TEMPÉRATURES (°C)		PLUIE (ML)	VENT (KM/H)		MÉTÉO					OBSERVATIONS PHÉNOLOGIQUES
	Min	Max		direct.	force						
Vend. **1**											
Samedi **2**											
Dim. **3**											
Lundi **4**											
Mardi **5**											
Merc. **6**											
Jeudi **7**											
Vend. **8**											
Samedi **9**											
Dim. **10**											
Lundi **11**											
Mardi **12**											
Merc. **13**											
Jeudi **14**											
Vend. **15**											
Samedi **16**											
Dim. **17**											
Lundi **18**											
Mardi **19**											
Merc. **20**											
Jeudi **21**											
Vend. **22**											
Samedi **23**											
Dim. **24**											
Lundi **25**											
Mardi **26**											
Merc. **27**											
Jeudi **28**											
Vend. **29**											
Samedi **30**											

d'automne

Vend. 1	03h06		
Samedi 2	♓		Surveillez les attaques de teigne du poireau ; dès les premiers signes, n'hésitez pas à couper le fût pour en extraire le ver. Le fût repartira renforcé dès les premières pluies.
Dim. 3	17h25	☊	6h → 13h
Lundi 4	♈	LUNE MONTANTE	Si le temps est humide, il peut être judicieux de supprimer les feuilles du bas de la tomate. Pulvérisez la silice de corne sur les légumes fruit pour parachever leur maturation. C'est le moment de pulvériser une décoction de prêle additionnée d'ortie infusée pour renforcer la résistance des plantes aux maladies cryptogamiques. Récoltez pommes des moissons, fraises remontantes, premiers potimarrons pour la consommation courante, aubergines etc. (0h △ 16h)
Mardi 5	11h34		
Merc. 6	♉		Récoltez pommes de terre et oignons pour la conservation. Laissez-les sécher quelques jours à l'abri avant de les stocker en cave ou dans un grenier (pour les oignons).
Jeudi 7			
Vend. 8	07h20	16h	(1h △ 18h)
Samedi 9	♊	LUNE DESCENDANTE = PLANTATION	Plantez des iris, des crocus, des narcisses et des perce-neige pour assurer les floraisons de fin d'hiver. Ceux plantés le plus tôt sont toujours plus vigoureux.
Dim. 10	14h54		
Lundi 11	♋		Refaites un semis de mâche, ainsi que de chicorées et de laitues, pour vos récoltes de fin d'automne. Surveillez le ver du poireau, en cas d'attaques, coupez la tige et supprimez la larve. Binez, sarclez et éclaircissez les salades.
Mardi. 12	09h20		10h A 22h
Merc. 13			
Jeudi 14	♌	☻	Récoltez les pommes des moissons et autres variétés précoces, les mirabelles, quetsches, mûres… Soutenez les branches de pruniers, de mirabelliers si les fruits sont trop nombreux pour éviter qu'elles se cassent. Soutenez les branches de pommiers qui plient si elles sont lourdement chargées. Taillez les potimarrons deux feuilles après le dernier fruit en formation afin d'apporter les nutriments aux fruits en croissance et en début de maturation. Greffez poiriers, néfliers, abricotiers, amandiers, cerisiers, pommiers, groseilliers, cognassiers et pruniers.
Vend. 15	08h03	03h40	
Samedi 16	♍		Terminez la récolte et le séchage des oignons qui pourront être rangés en tresse, la conservation est meilleure. (19h → 22h ☋)

Vend. 1	
Samedi 2	
Dim. 3	
Lundi 4	
Mardi 5	
Merc. 6	
Jeudi 7	
Vend. 8	
Samedi 9	
Dim. 10	
Lundi 11	
Mardi. 12	
Merc. 13	
Jeudi 14	
Vend. 15	
Samedi 16	

* ☽ ○

Jour	Signe	Lune	Conseils
Samedi 16	♍		19h → 22h ☌
Dim. 17			Terminez la récolte et le séchage des oignons qui pourront être rangés en tresse, la conservation est meilleure.
		☊	17h → 1h
Lundi 18			4h ☿☊
Mardi 19	02h39 ♎	LUNE DESCENDANTE = PLANTATION	16h
			Coupez les fleurs pour les bouquets. Tuteurez si besoin tournesols, asters et autres fleurs à haute tige pour éviter la verse. Récoltez et séchez romarin, thym, sauge, menthe, mélisse, mauve, etc. pour les tisanes.
Merc. 20	12h45 ♏		
Jeudi 21			Sarclez autour des salades et éclaircissez la mâche pour activer la croissance végétative. Semez du mizuna et autres salades asiatiques qui produiront tout l'hiver.
Vend. 22	21h00 ♐	5h	
Samedi 23 (équinoxe d'automne)		LUNE MONTANTE	Plantez des fraisiers. Pulvérisez tomates, aubergines, poivrons, concombres, melons et Cucurbitacées avec une décoction de prêle enrichie d'ortie pour stimuler la résistance aux maladies.
Dim. 24			
Lundi 25	00h16 ♉		2h → 19h △
			Semez des engrais verts diversifiés : sarrasin, seigle vesce, phacélie, sainfoin, trèfle incarnat, mélilot, pois. Éclaircissez les semis de navets et de radis d'hiver pour leur permettre une croissance rapide.
Mardi 26	21h57 ♒		Semez du gazon fleuri, de l'adonis, du bleuet, de l'orlaya, du pied-d'alouette, de la nielle, de la sauge sclarée, des lychnis, des lunaires pour les floraisons printanières de l'an prochain.
Merc. 27		P	15h
Jeudi 28	13h56 ♓		15h
Vend. 29		☺ 11h57	Semez des épinards, du mizuna et autres salades asiatiques.
Samedi 30		☊	15h → 22h

Samedi 16

Dim. 17

Lundi 18

Mardi 19

Merc. 20

Jeudi 21

Vend. 22

Samedi 23

Dim. 24

Lundi 25

Mardi 26

Merc. 27

Jeudi 28

Vend. 29

Samedi 30

OCTOBRE

Le Soleil passe le mois d'octobre dans la constellation de Terre de la Vierge.

QUELQUES REPÈRES PHÉNOLOGIQUES

- Les arbres feuillus prennent des couleurs, voire, perdent leurs feuilles (1) : notez les premières chutes. Le fruit des églantiers (2) arrive à maturité. C'est globalement, la période de maturation des fruits des arbres.
- Observez les oiseaux migrateurs de passage, vers le sud. Les corbeaux freux, les cormorans et les canards continuent à s'installer pour l'hiver. Arrivée massive des petits passereaux : verdiers (3), chardonnerets (4), bruants, linottes, mais aussi des buses, des grives, des étourneaux.

AU JARDIN

- Rassemblez les déchets végétaux des récoltes, les feuilles mortes, etc. pour monter le tas de compost.
- Les choux, les poireaux, les radis d'hiver, les navets, les épinards, les chicorées connaissent un fort développement en octobre pour peu que les températures et l'humidité soient satisfaisantes. Les divers potimarrons, courges butternut et autres patidoux sont en fin de végétation, il vaut mieux les mettre à l'abri pour éviter de tenter les campagnols et autres parasites.
- Continuez les semis de céréales d'hiver en jour-fruit.

PRÉPARATIONS BIODYNAMIQUES

- N'oubliez pas d'introduire les préparations dans le tas de compost, d'y pulvériser la valériane dynamisée et de couvrir le tas quand ces opérations seront terminées. Une pulvérisation de bouse de corne est encore souhaitable tant que la vie microbienne est active.
- Une pulvérisation de silice de corne en soirée (exceptionnellement) peut s'avérer judicieuse pour faire migrer les réserves des arbres, des arbustes, de la vigne et pour renforcer la santé des bourgeons.
- Surveillez la présence des limaces, des campagnols et des vers du poireau (en cas de fortes attaques, un traitement au *Bacillus Thuringiensis* s'impose contre ce parasite).

RUCHE

Préparez l'hivernage et entretenez le matériel. Il est particulièrement important de ne pas nourrir les abeilles ce mois-là.

JOURS	TEMPÉRATURES (°C)		PLUIE (ML)	VENT (KM/H)		MÉTÉO					OBSERVATIONS PHÉNOLOGIQUES
	Min	Max		direct.	force						
Dim. **1**											
Lundi **2**											
Mardi **3**											
Merc. **4**											
Jeudi **5**											
Vend. **6**											
Samedi. **7**											
Dim. **8**											
Lundi **9**											
Mardi **10**											
Merc. **11**											
Jeudi **12**											
Vend. **13**											
Samedi **14**											
Dim. **15**											
Lundi **16**											
Mardi **17**											
Merc. **18**											
Jeudi **19**											
Vend. **20**											
Samedi **21**											
Dim. **22**											
Lundi **23**											
Mardi **24**											
Merc. **25**											
Jeudi **26**											
Vend. **27**											
Samedi **28**											
Dim. **29**											
Lundi **30**											
Mardi **31**											

Jour	Heure	Signe	Lune	Conseils
Dim. 1	03h44	♈	LUNE MONTANTE	Supprimez quelques feuilles de tomates pour favoriser la circulation d'air autour des plants et améliorer l'exposition à lumière et à la chaleur du soleil.
Lundi 2	20h50	♉		Récoltez navets, carottes, betteraves rouges, céleris pour la consommation courante. Terminez la récolte de pommes de terre.
Mardi 3				
Merc. 4				
Jeudi 5	14h53	♊	23h	Repiquez coréopsis, achillées, ancolies, gaura, germandrées et lavandes dans les régions méditerranéennes, où le sol est bien drainé. Ailleurs, c'est à éviter car ces plantes craignent l'humidité associée au froid hivernal.
Vend. 6			LUNE DESCENDANTE = PLANTATION	
Samedi 7	21h44	♋		Repiquez laitues, chicorées scaroles, ciboulette et autres plantes condimentaires et aromatiques non gélives. Récoltez l'épinard. Surveillez la levée des engrais verts et arrosez si nécessaire.
Dim. 8				
Lundi 9	16h03	♌	A (22h – 10h)	Une dernière pulvérisation de silice sera judicieuse pour achever la maturation des légumes-fruit encore en place : tomates, haricots, aubergines, raisins, pommes, poires, coings… Cueillez les fruits encore verts sur les tomates ravagées par le mildiou.
Mardi 10				
Merc. 11				
Jeudi 12	14h44	♍		Sous abri, semez des radis roses. Dans les terres lourdes, argileuses, broyez les engrais verts et incorporez-les au sol au moment du labour. Une pulvérisation de compost de bouse sera la bienvenue pour activer la décomposition des engrais verts.
Vend. 13				
Samedi 14			Nouvelle lune 19h55 ; 19h59 ⟶ éclipse de soleil ; ☊	8h → 11h ☌ ; 23h → 7h
Dim. 15				
Lundi 16	08h32	♎		Tuteurez les asters et les tournesols. Plantez des bulbes pour les floraisons printanières, iris, perce-neige, narcisses, tulipes, crocus…

Dim.
1

Lundi
2

Mardi
3

Merc.
4

Jeudi
5

Vend.
6

Samedi
7

Dim.
8

Lundi
9

Mardi
10

Merc.
11

Jeudi
12

Vend.
13

Samedi
14

Dim.
15

Lundi
16

Lundi 16	08h32 ♎	LUNE DESCENDANTE = PLANTATION		Tuteurez les asters et les tournesols. Plantez des bulbes pour les floraisons printanières, iris, perce-neige, narcisses, tulipes, crocus… Greffez le lilas. Bouturez les rameaux de rosiers et autres arbustes à fleurs.
Mardi 17	18h17			
Merc. 18	♏			Récoltez le matin de préférence salades, bettes, roquette, cerfeuil, épinards, poireaux et persil. Une dernière tonte du gazon est souhaitable et permet de ramasser les feuilles mortes en les broyant. Mélangez-la aux déchets de cuisine pour démarrer un nouveau tas de compost dans un coin mi-ombragé (idéalement, sous un sureau).On approche du dernier délai pour les semis d'engrais verts, de gazon et de mâche. Récoltez le matin de préférence salades, bettes, roquette, cerfeuil, épinards, choux, poireaux et persil.
Jeudi 19				
Vend. 20	02h32	11h		Récoltez les derniers haricots et tomates pour sécher les semences pour l'année suivante. Mettez les Cucurbitacées (potimarron, potiron, butternut, patidoux, etc.) à l'abri des premières gelées. Ils seront stockés dans un endroit sec à une température avoisinant les 18 °C.
Samedi 21	♐	LUNE MONTANTE		20h → 11h △
Dim. 22	06h49			Désherbez, sarclez entre les rangs des légumes-racine et éclaircissez si nécessaire sur les lignes de navets et de radis.
Lundi 23	♉			
Mardi 24	06h00			6h ♀☊
Merc. 25	♒			
	23h19	P	17h	0h
Jeudi 26	♓		17h	11h
Vend. 27				☿☋ 1h
Samedi 28	14h09 éclipse de lune 22h14	☊ ☺ 22h24	1h → 9h	
Dim. 29	♈			Pulvérisez une dernière silice de corne sur les plantes encore en place. Récoltez les noix. Récoltez les dernières framboises.
Lundi 30	06h04			Commencez la récolte des crosnes et des topinambours dès que le feuillage fane.
Mardi 31	♉			7h → 17h △

Lundi
16

Mardi
17

Merc.
18

Jeudi
19

Vend.
20

Samedi
21

Dim.
22

Lundi
23

Mardi
24

Merc.
25

Jeudi
26

Vend.
27

Samedi
28

Dim.
29

Lundi
30

Mardi
31

NOVEMBRE

Le Soleil traverse la constellation de la Balance pour s'installer dans celle du Scorpion, liée à l'élément Eau.

QUELQUES REPÈRES PHÉNOLOGIQUES

- Notez les dates de chute des feuilles en fonction des différentes essences (1).
- La phase d'hibernation de nombreux mammifères démarre : hérissons (2), loir (3), blaireaux.

AU JARDIN

- Les « restes » des récoltes (suppression des radicelles, des feuilles, des collets des navets, carottes, betteraves rouges, etc.) vont se joindre aux feuilles mortes et au fumier de vache ou de cheval pour monter le tas de compost.
- Terminez les récoltes des légumes de conservation, de creuser ou de nettoyer le silo pour conserver les légumes-racine. Poireaux, bettes et choux peuvent aussi rester en place.

VERGER ET HAIES

- Le 25 novembre, « à la sainte Catherine, tout bois prend racine ». C'est le début des plantations. La taille, le bouturage, le badigeon, sont aussi d'actualité.
- Le badigeon des troncs et de charpentières est important pour protéger l'écorce des rayons du soleil, pour apporter des nutriments aux arbres et pour empêcher les parasites de s'installer sur l'écorce ou sous les lichens et mousses : mélangez dans un seau de l'argile, de la bouse de vache, de l'eau, de la décoction de prêle, et du lithothamne et 2 % de silicate de soude. Étalez au pinceau ou à la brosse à tapisser sur le tronc et le début des branches charpentières après avoir brossé les mousses et lichens.

RUCHE

La ruche est en repos. C'est le moment où vous allez penser votre rucher et son évolution, de même que les techniques et outils adaptés à vos besoins.

NOVEMBRE

JOURS	TEMPÉRATURES (°C)		PLUIE (ML)	VENT (KM/H)		MÉTÉO					OBSERVATIONS PHÉNOLOGIQUES
	Min	Max		direct.	force						
Merc. **1**											
Jeudi **2**											
Vend. **3**											
Samedi **4**											
Dim. **5**											
Lundi **6**											
Mardi **7**											
Merc. **8**											
Jeudi **9**											
Vend. **10**											
Samedi **11**											
Dim. **12**											
Lundi **13**											
Mardi **14**											
Merc. **15**											
Jeudi **16**											
Vend. **17**											
Samedi **18**											
Dim. **19**											
Lundi **20**											
Mardi **21**											
Merc. **22**											
Jeudi **23**											
Vend. **24**											
Samedi **25**											
Dim. **26**											
Lundi **27**											
Mardi **28**											
Merc. **29**											
Jeudi **30**											

Merc. 1	♉ 22h53		Désherbez, sarclez entre les rangs des légumes-racine et éclaircissez si nécessaire sur les lignes de navets et de radis. Incorporez les préparations biodynamiques aux tas de compost (*cf.* p. 25).
Jeudi 2		7h	
Vend. 3	♊		Badigeonnez le tronc et les charpentières des arbres et arbustes d'ornement après avoir brossé les mousses. Prélevez des boutures de rosier, weigelia, spirée, buddléia, etc.
Samedi 4	04h44	LUNE DESCENDANTE = PLANTATION	Commencez le forçage des endives : arrachez les chicons, mettez-les à ressuyer à l'ombre, puis, par séries, recouvrez-les de bonne terre dans une caisse en cave. Vous pouvez les récolter au bout d'1 mois.
Dim. 5	♋ 22h42		17h ♂☋
Lundi 6		A	15h 17h
Mardi 7	♌		3h Récoltez tomates, courgettes, aubergines, poivrons, piments, concombres, pommes, poires, raisins, châtaignes, et framboises remontantes. Bouturez des rameaux d'actinidia et de groseillier.
Merc. 8	21h28		Récoltez radis, pommes de terre, navets, carottes, betteraves rouges et céleris.
Jeudi 9	♍		4h → 7h ♂ Laissez sécher les pommes de terre quelques jours à l'abri avant de les stocker en cave ou dans un grenier. En cas de risques de gelée, rangez betteraves rouges, carottes, navets, radis noirs et céleris dans un silo ou en cave. Un tambour de machine à laver enterré est une bonne solution de stockage qui protège des mulots et de l'humidité.
Vend. 10			
Samedi 11		☋	6h → 13h
Dim. 12	14h54		
Lundi 13	♎	☻ 10h27	Rentrez tous les bulbes sensibles au gel (dahlia, glaïeuls etc.). Plantez iris, perce-neige, narcisses, tulipes et crocus. Coupez les fleurs pour mettre en bouquet ou pour consommer en salade comme la capucine, la bourrache ou le souci.
Mardi 14	00h08		Plantez des haies. Semez sous tunnel du cresson alénois, du mizuna et autres salades asiatiques. Binez entre les rangs de légumes-feuille pour aérer le sol.
Merc. 15	♏		
Jeudi 16	07h21 ♐	15h	

Merc.
1

Jeudi
2

Vend.
3

Samedi
4

Dim.
5

Lundi
6

Mardi
7

Merc.
8

Jeudi
9

Vend.
10

Samedi
11

Dim.
12

Lundi
13

Mardi
14

Merc.
15

Jeudi
16

☼ ☽ ○

Jour	Lever	Signe	Lune	Conseils
Jeudi 16	07h21		15h	Préparez les trous de plantation des arbres et arbustes fruitiers. Paillez sous les jeunes arbres fruitiers après avoir sarclé et apportez du compost et du basalte. Buttez les artichauts à l'approche des grands froids.
Vend. 17		♐	LUNE MONTANTE	
Samedi 18	11h09			Dans les terres argileuses, un labour sans retournement, à la bêche ou à la grelinette, sera pertinent pour améliorer la structure du sol.
Dim. 19		♉		
Lundi 20	10h50			Récoltez les semences de fleurs et mettez-les à sécher. Construisez un nouveau tas de compost avec les déchets de récoltes et si possible du fumier animal, les préparations biodynamiques y seront incorporées.
Mardi 21		♒	P 10 h – 10 h	
Merc. 22	05h11			Le matin de préférence, récoltez salades, choux (fleurs, milans, Romanesco, pommés), bettes, roquette, cerfeuil, épinards, poireaux et persil. En prévision des gelées, mettez quelques poireaux et des choux en jauge, ils seront plus faciles à sortir pour les consommer.
Jeudi 23		♓		
Vend. 24	21h54		☊ 8h → 15h	
Samedi 25		♈		Commencez la taille douce d'hiver de vos fruitiers, le but étant avant tout de limiter l'alternance dans la production fruitière et de donner de la lumière à l'arbre par l'éclaircie.
Dim. 26	15h31			Surveillez bien le ou les silos et supprimez dès que possible les racines qui pourrissent. Les panais peuvent rester en terre, ils supportent de fortes gelées, jusqu'à -10 °C quelques jours.
Lundi 27		♉	☺ 10h16	
Mardi 28				
Merc. 29	08h16		16h	Nettoyez les rosiers en supprimant les fleurs pourries ou les rameaux morts ou épuisés. Plantez les arbres et arbustes à fleurs. Coupez les choux et les navets pour les mettre à lacto-fermenter. On peut semer sous abri des aconits napel et des primevères.
Jeudi 30		♊		

Jeudi
16

Vend.
17

Samedi
18

Dim.
19

Lundi
20

Mardi
21

Merc.
22

Jeudi
23

Vend.
24

Samedi
25

Dim.
26

Lundi
27

Mardi
28

Merc.
29

Jeudi
30

DÉCEMBRE

Autour du solstice d'hiver, le Soleil passe de la constellation d'Eau du Scorpion à celle de Chaleur du Sagittaire. La dynamique de diminution de la durée du jour s'est ralentie, on peut parler de sommeil hivernal pour la végétation, mais la terre, elle, emmagasine des forces nouvelles, surtout s'il neige.
De tout temps dans les campagnes, la neige était considérée comme l'azote du pauvre, elle agirait un peu comme les légumineuses qui fixent l'azote de l'air pour l'emmener aux racines des plantes. Les températures négatives ont des conséquences positives sur la vie du jardin : élimination des parasites, amélioration de la structure du sol par l'action de l'alternance des périodes de gel et de dégel.

QUELQUES REPÈRES PHÉNOLOGIQUES

La phalène brumeuse (1) est un papillon de nuit. C'est une des rares espèces de papillons dont le mâle et la femelle émergent en décembre et s'accouplent. La femelle ne peut pas voler.

AU JARDIN

- Assurez l'entretien du matériel
- Gérez le stock de semences et planifiez les rotations des cultures à partir d'un petit croquis.

VERGER ET HAIES

L'entretien des arbres peut continuer, mais rappelez-vous que la taille et les plantations sont à proscrire en cas de gel.

DÉCEMBRE

JOURS	TEMPÉRATURES (°C)		PLUIE (ML)	VENT (KM/H)		MÉTÉO					OBSERVATIONS PHÉNOLOGIQUES
	Min	Max		direct.	force						
Vend. **1**											
Samedi **2**											
Dim. **3**											
Lundi **4**											
Mardi **5**											
Merc. **6**											
Jeudi **7**											
Vend. **8**											
Samedi **9**											
Dim. **10**											
Lundi **11**											
Mardi **12**											
Merc. **13**											
Jeudi **14**											
Vend. **15**											
Samedi **16**											
Dim. **17**											
Lundi **18**											
Mardi **19**											
Merc. **20**											
Jeudi **21**											
Vend. **22**											
Samedi **23**											
Dim. **24**											
Lundi **25**											
Mardi **26**											
Merc. **27**											
Jeudi **28**											
Vend. **29**											
Samedi **30**											
Dim. **31**											

solstice d'hiver

Jour	Lever/coucher		
Vend. 1	13h27		
Samedi 2	♋		Récoltez le mizuna et salades asiatiques en matinée de préférence. Si de fortes gelées sont annoncées, il sera judicieux de mettre quelques choux cabus et des poireaux en jauge afin de pouvoir les récupérer facilement pendant les périodes de gel.
Dim. 3	06h59		
Lundi 4		A (12h – 0h)	
Mardi 5	♌		Récoltez les variétés de pommes et de poires tardives, des prunelles et des baies d'argousier et d'églantier pour les transformer en jus, compotes ou en confitures.
Merc. 6	05h48		Récoltez salsifis, scorsonères, topinambours et panais. Contrôlez l'état des légumes-racines conservés en silo. Supprimez ceux qui commencent à s'abîmer.
Jeudi 7	♍		19h △ 10h
Vend. 8		☋ 13h → 20h	
Samedi 9	23h53		
Dim. 10	♎		Aérez le sol et épandez du compost sur les plates-bandes de fleurs et au pied des arbustes ornementaux si les conditions le permettent.
Lundi 11	08h59		
Mardi 12	♏	00h32	Sous serre, semez du cresson alénois et de la Claytone de Cuba.
Merc. 13	15h15	22h	
Jeudi 14	♐		En période hors gel, plantez arbres et arbustes fruitiers. Appliquez le badigeon sur les troncs et les charpentières des arbres et arbustes fruitiers après avoir brossé les mousses et lichens qui pourraient abriter des parasites. Le badigeon, sous une consistance épaisse, peut également servir à favoriser la cicatrisation des petites plaies de taille.
Vend. 15	17h42		2h
Samedi 16	♉	P (8h)	☿☊ 14h

LUNE DESCENDANTE = PLANTATION

Vend. 1

Samedi 2

Dim. 3

Lundi 4

Mardi 5

Merc. 6

Jeudi 7

Vend. 8

Samedi 9

Dim. 10

Lundi 11

Mardi 12

Merc. 13

Jeudi 14

Vend. 15

Samedi 16

Samedi 16		P 8h	☿ ☊ 14h
Dim. 17	♉ 16h23	Terminez les récoltes de radis, navets, carottes, céleris, betteraves rouges. Surveillez le silo après le gel et les pluies et supprimez les racines abîmées.	
Lundi 18	♒	Plantez et taillez les arbres et arbustes d'ornement en dehors des périodes de gel.	
		En période hors gel, plantez arbres et arbustes fruitiers.	5h △ 20h
Mardi 19	10h33		
Merc. 20	♓	Semez sous tunnel du cresson alénois, du mizuna et autres salades asiatiques. Forcez les endives. Faites blanchir les pissenlits en les recouvrant de terre.	
Jeudi 21		☊ 11h → 18h	
Vend. 22	04h15 ♈	Taillez les arbres fruitiers à pépins, groseilliers et cassissiers en dehors des périodes de gel. Paillez sous les jeunes arbres fruitiers après avoir sarclé et apportez du compost et du basalte. Récoltez les prunelles, les baies d'argousier pommes et poires tardives. Bouturez les rameaux d'actinidia et groseillier.	
Samedi 23	22h51		
Dim. 24		Protégez les silos du froid et de l'humidité avec de la paille ou un autre matériau isolant.	
Lundi 25	♉		
Mardi 26	16h38	23h ☺ 1h33	
Merc. 27			7h △ 22h
Jeudi 28	♊ 21h51	Repiquez des roses de Noël et leurs cousines roses de Carême, leurs fleurs d'hiver aident les abeilles à bien passer la mauvaise saison. Bouturez les rameaux aoûtés de rosiers, weigelia, spirée, buddléia, etc.	
Vend. 29	♋	Dessiner un plan du jardin pour l'année suivante en tenant compte des rotations des cultures, de la famille botanique, des spécificités des parties récoltées (racine, feuille, fleur, fruit) et des besoins de nutrition des plantes.	
Samedi 30	15h09		
Dim. 31	♌		

solstice d'hiver (21)

LUNE MONTANTE (16–26)

LUNE DESCENDANTE = PLANTATION (27–31)

Samedi 16

Dim. 17

Lundi 18

Mardi 19

Merc. 20

Jeudi 21

Vend. 22

Samedi 23

Dim. 24

Lundi 25

Mardi 26

Merc. 27

Jeudi 28

Vend. 29

Samedi 30

Dim. 31

PLANTE	EXIGENCES CULTURALES	SEMIS	REPIQUAGE ET PLANTATION	ROTATION
AIL *Allium sativum*	Aime le soleil, une terre légère et des sols neutres ou calcaires. Supporte le froid mais craint l'humidité.	De janvier à mars dans des terres lourdes et argileuses, sur buttes. Tout l'automne et l'hiver dans des sols légers et préparés.	1 kg semence pour 10 m^2 de culture. 1 ail tous les 10 cm, sur des rangs espacés de 30 cm. Mettre 1 pincée de poudre de basalte ou de cendre de bois au pied de chaque caïeu, qui doivent à peine dépasser du sol.	4 ans entre deu cultures d'Alliac + éviter poirea oignon ou échal comme précéde
AUBERGINE *Solanum melongena*	N'aime pas le froid. Ne croît qu'au-delà de 12 °C. Idéalement, les fleurs sont fécondées entre 23 et 27 °C. La terre doit être riche en matière organique.	Semis en jour-fruit et en lune descendante, dès fév.-mars sous abri : 2 à 3 graines par godet, levée 6 à 8 J.	Repiquage en avril, jour-fruit et plantation en pleine terre mi-mai. Espacer les plants de 50 cm sur la ligne et de 80 cm entre les rangs.	Alternance des cultures d'aubergines to les 3 ou 4 ans s une même parce
CAROTTE *Daucus carota*	Aime les sols profonds, argilo-siliceux, bien aérés régulièrement. Dernier apport de compost mûr : 1 an avant le semis.	Semer en mars sous châssis pour les carottes précoces, mi-mai à mi-juin en terre pour les carottes de conservation. La terre doit être ameublie et fine. Espacer les rangs de 30 à 40 cm. Bien espacer les graines pour maîtriser le problème de la mouche de la carotte.		
CÉLERI *Apium graveolens*	Aime les sols riches et humifères. Pousse bien après apport de fumier décomposé.	Semer de mi-février à mi-mars dans une couche chaude ou une caisse à semis. Maintenir à 15 °C.	Repiquer les plantules deux fois, en jour-racine et en lune descendante. Planter à la mi-juin. Épandre un peu de cendre de bois avant de repiquer les plants. Écarter les rangs de 40 à 50 cm et les plantes de 35 à 35 cm.	Laisser 4 ans entre deux cultu de céleri car il est gourma en potasse.
CHICORÉES *Cichorium endivia*	Aiment un sol meuble et humifère, un peu alcalin et modérément fumé. Protéger les frisées avant les fortes gelées.	Possible de semer dès avril, période idéale cependant : juin-juillet. Espacer les rangées de 30 à 40 cm, tous les 30 cm.	Repiquer en lune descendante. Raccourcir légèrement les racines et feuilles au repiquage et bien arroser la première sem.	
CHOUX *Brassica sp.*	La fertilisation du sol est essentielle. Prévoir des apports importants de compost décomposé, bien mûr. Préfèrent les sols limoneux-argileux, riches en humus et non acides.	Semis en jour-feuille. Semer en godets de mi-mars à mi-mai pour tous les choux, sauf chou-fleur entre mi-juin et mi-juillet. Semer fin août début sept. pour une récolte de printemps.	Repiquage et plantation : entre avril et juil. Repiquage le soir, lune descendante, jour-feuille. Praliner les racines avant repiquage. Choisir les plants pourvus d'un beau bourgeon au cœur. Enfoncer les plants en terre jusqu'à la hauteur des premières feuilles (sauf chou-rave). Prévoir 60 x 60 cm d'espacement (sauf les raves : 30 cm).	Ne pas cultive des choux aprè d'autres choux d'autres crucifè Attendre au mo 4 années entre d cultures successi de choux.
CONCOMBRE ET CORNICHON *Cucumis sativus*	Les concombres et les cornichons exigent des terres chaudes, pas trop lourdes, riches en humus et en substances nutritives. Aiment la culture sur buttes faites de fumier.	Semer en sol chaud, en jour-fruit, à partir de mi-avril en pots. En pleine terre, à partir de la mi-mai, dans un endroit protégé du vent. Les concombres apprécient un léger ombrage.	Plantation après la mi-mai jusqu'à juillet, en lune descendante et jour-fruit. Respecter 0,5 m entre chaque plant, sur des lignes distantes d'1,20 m. Les premiers jours, leur faire de l'ombre avec des pots de fleurs retournés. Utiliser de l'eau tiède pour les premiers arrosages. La culture sur grillage ou filet et intéressante.	

SOCIATIONS POSITIVES	ASSOCIATIONS NÉGATIVES	MALADIES ET RAVAGEURS	ENTRETIEN ET PRÉPARATIONS BIODYNAMIQUES
Fraisier, betterave, issenlit, vesce, tomate,)mme de terre, carotte, ciboulette, pêcher.	Choux, pois, asperges.	Nématodes (boursouflures et pourritures) ; graisses du champignon (pourriture blanche ou grise) ; rouille jaune-marron (des pustules apparaissent en juin sur les feuilles).	Sarcler en fin d'hiver en jour-racine. Ébourgeonner la hampe florale dès qu'elle apparaît. Pulvériser 2 à 3 fois des tisanes d'ortie, d'achillée millefeuille ou de camomille à 9 J. d'intervalle.
Haricots)ns contre doryphores), calendula.		Craint les doryphores (à ramasser à la main). Si pucerons, mildiou, alternariose, flétrissement, arracher plants atteints. Araignées rouges : pulvériser du soufre naturel.	Tailler au-dessus de la deuxième fleur. Laisser ensuite se développer trois ou quatre rameaux à pincer à 2 ou 3 fleurs. Jamais en jour-feuille. Aérer le sol régulièrement en jour-fruit. Lors de la formation des fruits, faire des apports réguliers d'extraits fermentés d'ortie et de consoude (riches en potasse).
:cèdent bien à une légu-mineuse (sans trop de fumure dans ce cas), un légume feuille (poireaux en terrains ırds), choux et oignons (en terrains légers ou sableux).	Éviter le voisinage du chou ou du fenouil.	Alternariose (ou pourriture noire). Feuillage brun puis noir, se dessèche et pourrit. C'est le problème des semis trop denses ou dans de la matière organique pas assez compostée. Si la mouche de la carotte apparaît, le feuillage devient jaune rougeâtre. Elle s'évite en semant tard (juil.), ou entourée de plantes compagnes ou sous un voile de 50 cm de haut.	Biner fréquemment entre les rangs. Éclaircir entre avril et juillet, à 6-10 cm lorsque les plantes ont atteint 2 à 3 cm de hauteur. En septembre, pulvériser de la silice ainsi que 15 J. avant la récolte.
En alternance ec poireaux ou haricots nains, en bordures)lanches de concombres.		Septoriose : provoque des taches claires sur les feuilles qui se fanent. Mettre de la bouillie bordelaise en cas de forte attaque. Contre la rouille, pulvérisations répétées de décoction de prêle, tisane ortie et achillée millefeuille.	Pulvériser régulièrement une infusion d'orties et de prêle. Pulvériser de la bouse de corne au repiquage et de la silice la première quinzaine d'octobre.
Fraisier.	Fenouil et choux.	Surveiller pucerons, limaces, vers blancs, sclérotinia et mildiou.	Arrosage régulier, surtout en début de croissance. Éclaircir le semis 4 à 5 sem. après la levée.
itues, betteraves rouges, plantes aromatiques sope, coriandre, absinthe, eth, camomille, mélisse, n, menthe etc.). Capucine protège des pucerons, lendula et œillet d'inde éloignent nématodes.	Fraise, haricot, fenouil, tomate.	Piéride et hernie : soigner la fumure et les rotations. Si contamination, amener le ph entre 7,5 et 8 et arrêter la culture à cet endroit pendant 7 ans. Ravageurs : altise, petites et grosses mouches, pucerons, noctuelle.	Biner en jour-racine pour choux-raves et choux-navets ; en jour-feuille pour choux cabus, de Milan, frisés et de Bruxelles. Pailler en cas de temps sec. Contre les ravageurs, prévoir une infusion d'absinthe ou un alcoolat de tanaisie pulvérisé sur la plante et son environnement (hors périodes de sécheresse). En cas de ralentissement de la croissance dû à une succession de nuits trop fraîches, pulvériser une infusion d'ortie.
n semis intercalaire de radis et envisageable. les bords, semer et plan-er du chou-rave, de la lade, du céleri, de la lai-ue, des haricots nains. précient le maïs doux à 1e distance de 1,5 à 2 m entre les rangs.	Éviter le voisinage avec la pomme de terre et la tomate.	Sujets aux bactérioses : ne pas cultiver au même emplacement et tremper les graines 20 min dans un extrait d'ail avant les semis. Si attaque, traiter régulièrement à la bouille bordelaise. Se méfier du mildiou et de l'oïdium.	Pincer, en jour-fruit, les plantes après la 3e et la 5e feuille. Les concombres ont besoin de beaucoup d'eau : prévoir un arrosage abondant deux fois par sem. (plutôt que tous les jours un peu). Utiliser de l'eau reposée, réchauffée au soleil. Apports réguliers de tisane de prêle et d'ortie sont favorables à la croissance puis au développement des arômes des concombres.

PLANTE	EXIGENCES CULTURALES	SEMIS	REPIQUAGE ET PLANTATION	ROTATION
COURGETTES, COURGES POTIRONS *Curcubita* sp.	Les courgettes et les courges aiment les sols riches et chauds, pas trop lourds. Ces plantes ont besoin d'espace !	Semis en jour-fruit dans un sol chaud. Démarrer en pot 3 sem. avant le repiquage escompté. Semis en pleine terre entre mi et fin avril selon la région.	Plantation après la mi-mai, avant la mi-juin. Respecter un espace de 1 m entre deux plantes. Arroser régulièrement au début avec une eau tiédie au soleil.	
FENOUIL *Foeniculum vulgare*	Aime une exposition chaude et ensoleillée. La culture réussit aussi en climat tempéré. Exigeant en fumure compostée (100 à 150 kg pour 10 m² environ).	En jour-feuille, dès avril, en pépinière ou de mi-juin à la fin juillet pour des récoltes d'automne et d'hiver. Supporte les petites gelées (-2 °C). Écarter les rangs de 50 cm pour butter les plantes. Laisser une plante tous les 30 cm.	Si repiquage, en lune descendante, en jour-feuille. Rester vigilant aux arrosages.	Succède bien à une culture de pois en juill[illegible] ou après une cul[illegible] de pommes de t[illegible] précoces.
LAITUES *Lactusa sativa*	Les laitues aiment surtout les terres filtrantes, grumeleuses, riches en humus. Besoin de luminosité, exposition ensoleillée et chaude, avec un sol frais, qui ne sèche pas.	Trois périodes : janv-fév (variétés de printemps) en caissettes, châssis vitré ou sur couche chaude. Attendre le redoux pour le semis en pleine terre. Fin mars à fin juillet (variétés d'été), sous abri ou directement en terre. À partir de septembre (variétés automne et hiver), semer entre 5 et 10 mm. Pour une production continue, semer toutes les 2 sem. Répandre de la cendre de bois ou du basalte autour des semences.	Planter en lune descendante en jour-feuille, en fin d'après-midi ou soirée, à 25-30 cm en tous sens. Maintenir le sol humide.	Avant des carot[illegible] ou des choux
POIREAUX *Allium porrum*	Tête de culture. Apporter du compost mûr à l'automne. Prévoir deux emplacements de culture : le premier pour le semis en pépinière et le second pour les plants destinés à passer l'hiver après repiquage.	Le semis s'échelonne de mi-février à fin avril. Pour obtenir des poireaux d'été, prévoir un semis sur couche chaude dès janvier, février ou mars sous châssis. Si le sol a bien été préparé en amont, le poireau accepte des conditions rudes et se sème même sur un sol gelé. Sur 5 m x 1 m, on peut produire 800 plants (semis régulier où les graines ne collent pas) : garder les plus beaux au repiquage.	Repiquage de mai à juillet, sur une surface de 20 m² pour 800 plants (provision pour une famille de 4 personnes). Couper les racines et feuilles des jeunes plantes pour laisser 15 à 20 cm de feuilles. Prévoir un écartement entre les lignes de 25 à 30 cm et de 7 à 10 cm entre les plants.	Poireau vient bien après carot[illegible] et oignons.
POIVRON ET PIMENT *Capsicum annum*	Besoin de chaleur et d'une terre riche en humus.	Une température minimale de 20 °C est nécessaire pour la germination. Semer mi-avril sous serre, en couche chaude ou en serre dès février-mars. Semer 3 à 4 graines par godet. Éliminer les plantes chétives, sources de maladies.	Planter en lune descendante, jour-fruit après la mi-mai, en soirée. Prévoir 50 à 60 cm entre chaque plant de tous côtés.	
TOMATE *Lycopersicon esculentum*	La tomate a besoin de chaleur, d'eau et d'un sol bien amendé. Apprécie la fumure peu décomposée. Éviter l'arrosage sur les feuilles.	Semer les graines en février-mars en caissettes ou dans des pots, dans un serre ou dans un endroit abrité du froid et du vent.	Repiquer au stade deux feuilles dans des pots ou en caissettes avec un espacement de 3 à 5 cm. Rempoter dans des pots plus grands 15 j. à 3 sem. plus tard dans un endroit aéré. Planter en jour-fruit, le soir, en lune descendante, une fois les risques de gelées passés. Séparer les plantes d'environ 60 cm pour une distance entre les rangs de 80 cm à 1 m.	La tomate peut être cultiv[illegible] plusieurs anné[illegible] au même endr[illegible]

…CIATIONS POSITIVES	ASSOCIATIONS NÉGATIVES	MALADIES ET RAVAGEURS	ENTRETIEN ET PRÉPARATIONS BIODYNAMIQUES
…n région chaude, …s l'ombrage du maïs, du topinambour, …lu haricot à rame.	Pomme de terre, tomate.	Oïdium : feuilles blanchissent. Cela arrive lors de nuits fraîches à la rosée abondante. Arracher feuilles portant les premiers feutrages blancs.	Maintenir un sol propre par un paillage généreux. Pour avoir de gros potirons, ne laisser qu'un fruit par plante. Couper la tige à deux ou trois feuilles au-dessus du premier fruit formé. Pas besoin d'arrosage une fois les plants installés. Si sécheresse, arroser au pied sans mouiller le feuillage. Arroser au pied un extrait fermenté de consoude dilué à 10 %.
…asilic et tournesol.	Éviter le voisinage du chou-rave, des haricots et des tomates.	Si sécheresse, risque de pucerons : prévoir alors une pulvérisation d'ortie (macération de 12 h).	Tous les travaux s'effectuent en jour-feuille. Arroser abondamment en période de sécheresse. Pulvériser de la silice de corne 2 sem. avant la récolte. Pulvériser une tisane d'achillée en cas de grosse chaleur.
S'associent bien …c toutes les plantes.	Éviter la succession avec d'autres Astéracées.	Un plant desséché signale la présence d'un ver dans les racines. Le chercher et l'éloigner du jardin. Maladies virales se manifestent par des feuilles cloquées, grosses nervures, décolorations. Pulvériser du lait écrémé pour lutter contre ces viroses. Lutter contre les pucerons qui sont vecteurs. Arracher les plants atteint de bremia ou de botrytis.	Éclaircir dès le stade cotylédons. Sarcler souvent pour aérer la terre. La température d'arrosage doit être légèrement supérieure à la température de la terre au printemps. Ombrer les laitues si grandes chaleurs. Pulvériser de la silice de corne avant la formation de la pomme et de la bouse de corne au repiquage.
…sse bien au voisinage des céleris …t betterave rouge.		Craint la teigne du poireau (chenille qui s'attaque aux feuilles). Pour endurcir les plants, les laisser sécher 1 à 2 j. avant de les planter. En cas d'attaque, couper les poireaux au ras du sol en milieu de matinée (éloigner les feuilles coupées) et accélérer la repousse par un apport de purin de consoude dilué.	Biner en jour-racine ou feuille. Un léger buttage permet de recouvrir les mauvaises herbes dans le rang et favorise le blanchiment. Pulvériser de la bouse de corne au semis et au repiquage, de la silice de corne 1 mois avant récolte ou au grossissement du fût.
Basilic.		Favoriser la présence d'auxiliaires pour lutter contre les attaques d'acariens et de pucerons.	Dans les régions froides, étêter la tige principale vers la fin août pour arrêter la formation de nouveaux rameaux. La sève alimentera davantage les fruits déjà présents qui mûriront plus vite. Biner, sarcler et arroser durant les périodes sèches. Le poivron aime le bassinage (arrosage du feuillage) qui stimule sa floraison. Pulvériser de la bouse de corne à la plantation et de la silice de corne à la formation des fruits.
…ntourer les tomates …soucis, œillets d'Inde et capucines. Haricots, céleri, pommes de terre, tétragone cornue et choux.	Fenouil, concombre, cornichon.	Mildiou : pulvériser des décoctions de prêles mélangées à de l'infusion d'ortie. En cas de récidive, passer à la bouillie bordelaise.	Biner et alimenter en eau régulièrement. Tailler les gourmands. Ne laisser monter que deux tiges principales, tailler le reste. Pincer les pousses formées à l'aisselle des feuilles. En fin de culture, après septembre, couper le sommet des tiges principales. Pulvériser toutes les sem. ou après chaque pluie une tisane d'ortie (ou ortie-prêle), en jour-fleur ou fruit. Après une période de pluie, saupoudrer avec de la cendre de bois (hêtre). Pulvériser de la bouse de corne à la plantation et de la silice de corne 15 j. après, puis une fois par mois.

PLANTE	EXIGENCES CULTURALES	SEMIS	ROTATION
BETTE, BLETTE *Betta vulgaris*	Facile. Aime les sols consistants, frais durant l'été.	Semer à partir de début avril, espacement de 40 cm de tous les côtés. Repiquer en lune descendante, jour-feuille, à partir de mai.	
ÉPINARD *Spinacia oleracea*	L'épinard n'apprécie guère les fortes chaleurs. Le cultiver essentiellement aux périodes entourant les équinoxes. Si la terre garde mal l'eau, privilégier la mi-ombre au plein soleil. Pailler au pied pour conserver l'humidité et désherber. N'aime pas trop les terres acides. Éviter une culture sur un sol trop riche en humus ou sur un compost trop jeune.	Semer de février à avril, toujours en jour-feuille puis en culture d'arrière-saison, à partir d'août. Semer en ligne de 1 ou 2 cm de profondeur, espacer les graines de 2 cm et les lignes de 25 à 30 cm de façon à pouvoir biner ou pailler. Température du sol doit être supérieure à 5 °C. La levée se fait entre 6 et 10 J. Prévoir arrosage régulier et copieux.	Attendre 4 à 5 an avant de resseme au même endroi
FÈVE *Vicia faba*	Aime les terre franches, argilo-silicieuses, argilo-calcaires, argileuses, limoneuses et profondes. Redoute excès d'eau. Climat tempéré et ensoleillement conviennent. Prévoir un sol ameubli mais dépourvu de fumure organique récente.	Semer en jour-fruit dès février, par poquets de 2 à 3 fèves tous les 20 cm en rangées écartées de d'environ 60 à 70 cm. Le semis doit être profond, de 5 à 8 cm pour résister au gel. En climat doux, on sème entre fin septembre et mi-novembre (résistent à -3 °C).	Attendre 4 ans entre deux culture de légumineuses-gr (pois, lentilles, lup soja, haricot).
HARICOT *phaseolus vulgaris*	Un sol humide et aéré (sur 10 cm) convient. N'aime pas les sols calcaires. Besoin de sels minéraux. Introduire avec le compost de la cendre de bois et de la chaux dans les parcelles de culture, les années précédentes. Éviter tout apport de fumure avant plantation. Pour les variétés grimpantes, installer des rames de 3 à 5 m de longueur et de 3 à 4 cm de diamètre, disposées à 60 cm de distance, sur deux rangs distants de 80 cm.	Température : a minima 10 °C. Semer toutes les 3 sem. en jour-fruit, jusqu'au 14 juillet. Enfouir la graine à une profondeur de trois fois son épaisseur. Pour les haricots grimpants, placer 6 à 9 graines autour de chaque rame à une distance de 5 à 6 cm de celle-ci. Espacer les lignes de haricots nains de 60 cm pour butter facilement. Sur le rang, disposer les graines une à une, à 5-8 cm ou des poquets de 4-6 graines espacées entre eux de 40 cm. Avant la mi-mai, installer un voile de forçage.	Précédents cultura légumes-feuille puis fleur.
MÂCHE *Valerianella olitoria*	La mâche est une plante frugale qui résiste à l'hiver et pousse encore entre 5 et 10 °C. Elle aime un lit de semence propre et une terre grumeleuse couverte de compost mûr, réparti au tamis après le semis. Pour la récolte en cours au printemps, faire un nouvel apport de compost en fin d'hiver.	Pour une récolte en automne, semer début août. Pour des récoltes en hiver et printemps, faire plusieurs semis successifs du début à fin septembre. Semer à la volée ou en rangées espacées de 15 cm, 1 à 3 g de semence (par temps frais). Le semis ne doit pas être trop serré. Éclaircir en laissant environ 8 cm entre chaque pied. Pour une germination régulière, tasser légèrement le sol après le semis et conserver le lit de semence constamment humide jusqu'à germination en ombrageant les plantes d'un voile. Pour obtenir de la mâche en hiver ou par temps de gel, garder une partie des planches couverte d'un voile.	Se cultive derrièr presque tous les pré dents culturaux en 2e ou 3e culture
MAÏS DOUX *Zea mais*	Le maïs a besoin de chaleur pour germer et bien démarrer sa croissance. Il apprécie un sol riche, bien amendé (une brouette de compost mûr pour 10 m² de jardin).	Au nord, ne pas semer en pleine terre avant fin avril-début mai. Semer jusqu'à fin mai (voire juin dans le Midi). Enterrer les graines un jour-fruit, tous les 30 cm, par poquets de 2 à 3 graines, à plus de 2 cm, sur des lignes distantes de 50 à 80 cm. On peut effectuer le semis en godet. Échelonner les semis pour étaler la récolte. À cultiver sur plusieurs rangs ou en carré : le pollen doit circuler d'un rang à l'autre pour assurer la pollinisation.	

[AS]SOCIATIONS POSITIVES	ASSOCIATIONS NÉGATIVES	MALADIES ET RAVAGEURS	ENTRETIEN ET PRÉPARATIONS BIODYNAMIQUES
	Ne pas cultiver après des épinards ou des betteraves rouges.	Rien de sérieux. Éliminer les feuilles endommagées ou brunissantes.	Pulvériser de la silice de corne 2 sem. avant la récolte. Pulvériser une tisane d'achillée en cas de grosse chaleur.
[..]aisier, haricot à rame, [..]s, chou, laitue, chicorée, céleri, radis. Semer à la volée [..]s les laitues et chicorées et en interlignes avec poireaux, céleris et fèves.		Des taches jaunes du mildiou couvrent les feuilles par temps doux et humide. Éviter alors les semis trop denses et les apports d'azote excessifs. Les pucerons noirs ne nécessitent pas de traitement spécifique.	Éclaircir une plante tous les 15-20 m sur la ligne. Éviter de biner ou éclaircir en jour-fruit ou fleur. En début d'infestation de mildiou, pulvériser une infusion d'ortie mélangée à une décoction de prêle.
[..]tie, aneth et camomille [..]ègent la fève du puceron. [..]ter au moment du semis [..] touffe d'ortie à chaque [..]trémité et en milieu de [..]e. Elle protège la pomme [..] terre des doryphores.	Endives et Alliacées (poireaux, ail, échalote, oignon).	Surveiller les pucerons et les attaques de bruches de la fève (coléoptère). Pulvériser une infusion de feuilles de rhubarbe. Les fèves sont sensibles à l'anthracnose (tache noire), au botrytis (moisissure), et à la rouille (taches orangées) et viroses. Si les cosses sont atteintes, elles sont impropres à la consommation et à la semence. Une pulvérisation de décoction de prêle aide contre ces maladies.	Butter lorsque la plante atteint une hauteur de 15-20 cm.
Maïs, [..]omme de terre, céleri, [..]inard, poireau, carotte, chou-fleur, aneth, [..]eillet d'Inde et aneth.	Oignon, échalote, fenouil, ail.	En cas d'invasion de pucerons, suspendre des pots de terre cuite remplis de paille sur des branches fichées dans le sol : favorise l'installation de forficules (perce-oreilles). En cas d'infestation, pulvériser une macération d'ortie ou une infusion de rhubarbe.	Toujours en jour-fruit. Biner légèrement à 2-3 cm des plantules en surface et entre les rangs. Lorsqu'elles atteignent environ 10 cm, butter jusqu'à hauteur des feuilles. Lorsque la plante atteint 20 cm, butter une seconde fois. Pulvériser de la silice de corne avant la floraison.
[..]e cultive sur les plates-[..]ndes avec les légumes d'hiver : poireaux, oignons, choux.	Ne pas cultiver après les laitues.	Des erreurs de culture peuvent générer la présence de mildiou, oïdium ou pourriture grise. Pulvériser alors une décoction de prêle et d'ortie. Une fine couche de sable sur le sol garde les limaces distance.	Sarcler en jour-feuille pour éviter l'envahissement des herbes spontanées. Pulvériser de la bouse de corne au semis et de la silice de corne quand la rosette est formée.
Triptyque : maïs-haricot grimpant-courge. [..]aricot grimpe sur le maïs, bénéficie de l'azote qu'il produit. [..]courge apprécie l'ombre du feuillage.	Tournesol.	Sensible au charbon et à la fusariose. Supprimer les épis concernés. En prévention, pulvériser une décoction de prêle. Surveiller limaces, taupins, tipules et oiseaux qui aiment les jeunes plantules.	Sarcler régulièrement et butter le pied de maïs assez haut. Chaque plant peut produire 3 à 4 épis. En cas de sécheresse à la floraison (moment crucial), arroser le pied. Pulvériser la bouse de corne au semis et la silice de corne avant la formation de l'épi.

PLANTE	EXIGENCES CULTURALES	SEMIS	ROTATION
NAVET *Brassica rapa*	Peu exigent en fumure. Culture facile en période ni trop chaude ni trop froide. Il n'occupe pas l'espace longtemps, deux cultures peuvent être gérées sur une même parcelle : après une culture de printemps ou avant une culture d'automne.	Au printemps, semer en mars- avril et jusqu'à fin mai (selon les régions, conditions climatiques et époque de récolte souhaitée). Le semis d'arrière-saison sera fait entre la mi-juillet et la mi-août. Levée rapide : 4 à 7 j. Espacer les rangs de 30 à 40 cm, une plante tous les 10 cm.	Déplacer la culture tou ans et pour au minim 3 ans car les racines p lèvent beaucoup de sou de potasse. Éviter de cu un engrais vert ensuite famille des crucifères, a ner plutôt avec une lég neuse, du seigle, du sar ou de la phacélie.
OIGNON *Allium cepa*	L'oignon apprécie les sols chauds, assez secs et pas trop lourds, cultivés de longue date. La culture en butte peut constituer une bonne alternative pour des conditions climatiques froides et humides	Pour produire des bulbilles, semer de mars à mai, en jour-racine, dans une terre affinée. Espacer les rangs de 20 cm ou plus, pour sarcler entre les lignes. Compter 20 J. de lever. Semer aussi à la volée dans des sols propres, exempts d'adventices. Tasser les sols, de préférence avec une planche, le dos d'une bêche ou un râteau. Récolter les bulbilles en août-sept et repiquer de février à avril l'année suivante. Les enfoncer (2-3 cm) dans des sillons peu profonds en fin de journée puis tasser le sol. Les pointes vertes des bulbilles doivent rester à la lumière du jour. Espacer chaque bulbille d'environ 10 cm. Des tiges verdâtres apparaissent au bout de 8 à 15 J.	Éviter les précéden de poireaux, oignon échalote, et le voisin avec les haricots et les
PANAIS *Pastinaca sativa* subsp. *sativa*	Très rustique. Aime les ambiances océaniques, des températures comprises entre 5 °C et 18 °C et une exposition bien ensoleillée. Aime les sols profonds mais pas trop lourds, frais, riches en humus, légère préférence pour sols calcaires. N'apprécie pas la fumure sèche, accepte les engrais marins. Travailler le sol en profondeur.	De mars à juin, en rangs distants de 30-40 cm, de manière la plus légère possible. La levée s'effectue de 8 à 15 J. entre 15 °C et 20 °C mais peut s'échelonner sur 6 sem. Maintenir le sol frais pour favoriser la levée. En petite surface, semer en poquets : 2-3 graines tous les 15 cm puis éclaircir. Ajouter de la cendre de bois dans le sillon (avec apport de potasse).	Éviter les ombellifè les 2 ou 3 années pré dant la culture du pa Il succède à n'impo quel légume.
PETIT POIS *Pisum sativum*	Sols légers, chauds et calcaires. Aime planches propres. Demande un sol assez riche en matière organique décomposée. Affectionne la lumière.	Température optimale de germination : 4 à 18 °C. Semer les variétés naines en lignes distantes de 40 cm, 1 grain tous les 2 à 3 cm ou en poquets de 6 à 8 graines tous les 40 cm. Éloigner les lignes de variétés à rames de 70 cm. Semer entre 5 et 8 cm de profondeur. Protéger les semis avec un filet ou des branchages de sapin. Échelonner le semis tous les 15 J. pour prolonger la récolte.	Semer des navets ou des radis d'hive après la récolte. Attendre 3 ans ava de remettre des po sur la même parcel
POMME DE TERRE *Solanum tuberosum*	Tous les sols conviennent sauf l'argile trop lourde. Préfère les sols aérés en profondeur et fumés l'année ou l'automne précédent.	Planter dès que les nuits commencent à tiédir (10-12 °C) et que la terre se réchauffe. À la bêche, faire des trous (8 à 10 cm de profondeur), en lignes distantes de 50 à 60 cm et autant dans la ligne. Au râteau, aplanir la parcelle en formant une petite butte pour chaque rangée. La levée à lieu entre 2 et 3 sem. après.	Culture de tête. Prévoi sa récolte, une culture rière-saison, type mâ chicorée ou épinards possible un légume feu La culture du lin en b dure est légèrement ré sive contre les doryph
RADIS *Raphanus sativus*	Affectionne les sols riches en humus. Ne supporte pas la fumure fraîche. Il a besoin d'une humidité régulière et constante. Peut se cultiver en culture intermédiaire sans fumure spéciale. Il redoute les fortes insolations.	Privilégier un jour-racine. Semer de préférence le matin en ligne en février/mars, une graine tous les 4 cm. Puis, régulièrement, tous les 15 J. d'avril à septembre. En été, semer dans un endroit frais et ombragé. Ne pas semer trop profond (max 3 cm). Après le semis, plomber le sol. Les graines doivent germer au bout de 5 à 10 J.	

SOCIATIONS POSITIVES	ASSOCIATIONS NÉGATIVES	MALADIES ET RAVAGEURS	ENTRETIEN ET PRÉPARATIONS BIODYNAMIQUES
Carotte, haricots, pois, laitue. Menthe et romarin éloignent la piéride.		Pour lutter contre l'altise (coléoptère des crucifères), utiliser un voile de forçage en début de culture. La mouche du chou, le mildiou des crucifères la pourriture noire, la fonte du semis, la hernie sévissent également. Contre la mouche, semer tôt ou tard et éviter les semis d'avril et de septembre. Épandre de la cendre de bois entre les rangs ou pulvériser du savon noir. Éviter d'incorporer au sol un fumier trop frais ou un compost insuffisamment décomposté.	Une fois le semis éclairci, arroser régulièrement car le navet n'aime ni les grosses chaleurs ni la sécheresse. Biner et aérer le sol fréquemment. Infusions de prêle et/ou un mélange ortie-prêle protègent de manière efficace des maladies cryptogamiques : mildiou (taches sur les tiges) et botrytis (pourriture).
;arotte, panais, laitue, ;tterave rouge, tomate, oignon.		Mouche de l'oignon : étendre un filet de protection de mi-avril à fin mai puis en juillet-août. Saupoudrer les bulbilles de poudre de roche ou d'algues, pulvériser une tisane de tanaisie pendant les périodes à risque, fin juin-début juillet. Contre les nématodes, pratiquer des rotations longues d'Alliacées (4 ans), éviter la fumure fraîche et de cultiver derrière une prairie permanente.	Supprimer les adventices et garder la terre meuble. Biner à plat et ne sarcler jamais profondément pour garder l'humidité. Les oignons supportent mal l'arrosage. Infusions de prêle et/ou un mélange ortie-prêle protègent de manière efficace des maladies cryptogamiques : mildiou (taches sur les tiges) et botrytis (pourriture).
Basilic favorise levée des graines. :ottes, choux et oignons sont favorables.		Sensible aux attaques de la mouche de la carotte. Craint le chantre du panais.	Éclaircir à 15 ou 20 cm selon la durée de culture. Arroser régulièrement. En septembre, éliminer les plants qui présentent des symptômes de maladies cryptogamiques. Infusions de prêle et/ou un mélange ortie-prêle protègent de manière efficace des maladies cryptogamiques : mildiou (taches sur les tiges) et botrytis (pourriture).
Voisinage du céleri, carottes, laitues, maïs doux, pommes de terre et crucifères ›ux, radis, navet, raifort), ncombres, cornichons.	Éviter les Apiacées : ail, oignon, échalote, panais, persil.	Sitone (charançon) attaque le pois à la levée, vers mi-avril. Traiter par une infusion d'absinthe ou de tanaisie. La tordeuse (pyrale du pois) mange les graines : traiter par ces mêmes infusions. Contre toutes les maladies cryptogamiques (fusariose, anthracnose, oïdium, mildiou) : pulvériser de la tisane d'ortie, mélangée éventuellement à de la prêle.	Butter en jour-fruit ou fleur quand la plante atteint 15 cm de haut et poser des rames. Irriguer durant la saison sèche. Les pois ont besoin d'eau au moment de la floraison et de la formation du grès mais craignent un excès d'humidité. Pulvériser de la bouse de corne au semis et de la silice de corne avant floraison.
Chou, fève et haricot en rangs alternés sont favorables.	Concombre, aubergine, cornichons, arroche et maïs, potiron et tomate.	Pour protéger les pommes de terre, ramasser régulièrement les doryphores adultes. Pulvériser préventivement de la tisane d'ortie. Si grosse invasion : appliquer un traitement de pyrèthre. En début d'attaque de mildiou, utiliser de la bouillie bordelaise.	Lorsque les plantes font 5 à 10 cm de haut, butter en jour-racine. Procéder à un 2e buttage avant de couvrir le sol avec un mulch qui retiendra l'humidité nécessaire aux pommes de terre. Pulvériser de la bouse de corne au semis et de la silice de corne avant floraison.
Chou-rave et pois. oisinage de l'épinard, de :otte et du concombre est ement positif. Voisinage tomates et de l'absinthe gne l'altise. Capucine et ›on lui donnent bon goût.	Haricot nain, chou, cerfeuil.	La terre doit être légère et humide pour éviter les altises. Une infusion de vermouth ou d'absinthe les repoussent. Le voile de forçage peut être une solution en cas d'attaque d'insectes.	Éclaircir en jour-racine à 10-15 cm afin de faciliter le binage et le sarclage et à environ 40 x 20 cm pour les variétés d'hiver. Éviter les jours-fruit et fleur pour le binage.

FRUIT	EXIGENCES CULTURALES	SEMIS (OU GREFFE)
ABRICOTIER *Prunus armeniaca*	Aime les saisons bien marquées : froid en hiver, chaleur en été. L'implanter dans des endroits légèrement abrités pour éviter qu'il subisse les gelées. N'aime pas les sols battants, aime les sols profonds et aérés.	
CASSISSIER *Ribes nigum*	Prospère sur les sols argileux et frais, tolère les sols caillouteux à condition qu'un enracinement à 35 cm de profondeur soit possible. Il a besoin de beaucoup de soleil et d'eau. Il faut l'installer dans un endroit peu exposé au gel pour obtenir un bon rendement, ni trop humide, ni trop sec.	
CERISIER *Prunus* sp.	Pousse partout. Dans les sols légers, sablonneux, veiller à l'arrosage pendant les premières années après la plantation : lors des périodes sèches, arroser abondamment le soir au moins 1 fois par sem.	
FRAISIER *Fragaria* sp.	Il est exigeant en eau et en compost. Le compost idéal est obtenu à partir d'aiguilles de conifères et d'orties.	Le fraisier se multiplie par stolons qu'on prélève en août/septembre. Ils seront récupérés si possible tôt le matin, en jour-fruit.
FRAMBOISIER *Rubus Idaeus*	Grande faculté d'adaptation. Préfère les sols profonds, perméables, moyennement lourds, riches en humus et en éléments nutritifs. Avec amendement, il prospère aussi dans les sols sablonneux et légers. Les sols lourds et argileux ne lui sont pas bénéfiques. pH favorable : entre 5,5 et 6. Les précipitations d'été lui sont favorables. Une haie de protection autour de la plantation l'aide à retenir l'humidité.	Il se multiplie par drageons qu'on sépare à la bêche en hiver. Les plants doivent avoir un système racinaire bien développé. La plantation se fait en août ou dans la première quinzaine de septemb Planter le soir, en lignes espacées de 60 à 70 cm environ, et sur une lég butte afin d'améliorer l'écoulement de la pluie et l'aération des feuille
PÊCHER *Prunus persica*	N'aime pas les sols calcaires, trop secs ou trop humides. La structure du sol doit être aérée. Choisir une variété adaptée à sa propre région.	Un noyau semé à 4-5 cm de profondeur, pointe vers le bas, permet d'obtenir des fruits 4 à 5 ans plus tard et ce, pour 15 à 20 ans.
PRUNIER *Prunus domestica*	Mirabelles et quetsches sont adaptées aux climats de l'Est. Reines-Claudes sont moins exigeantes. Les pruniers à pruneaux prospèrent surtout en climat aquitain. Ils aiment les sols argilo-calcaires (mais acceptent des pH entre 6 et 8), bien drainés.	
POIRIER *Pyrus communis*	Assez exigeant sur la qualité du sol. Il demande de la profondeur et une bonne richesse en humus et en éléments nutritifs. Il n'apprécie pas beaucoup les terres calcaires.	
POMMIER *Malus* sp.	S'adapte à beaucoup de types de sols. Tolère mieux le calcaire que le poirier. N'apprécie pas les terres compactées et peu malléables. Choisissez une variété locale, adaptée à votre région.	Le prélèvement du greffon s'effectue en Lune descendante, en novembre-décembre. Généralement en janvier-février, privilégier la greffe et greffer à une hauteur de 15 à 25 cm.

REPIQUAGE ET PLANTATION	ENTRETIEN ET PRÉPARATIONS BIODYNAMIQUES
Automne et début d'hiver. Les distances de plantation sont de 6 m sur 6.	Épandre du compost à la fin de l'hiver ou au début du printemps, en Lune descendante. Éviter la taille, contentez-vous des branches affaissées. Pulvériser de la bouse de corne en mars et de la silice de corne avant floraison et 15 J. avant récolte.
Espacement de 2,5 à 3 m entre deux rangées. eut cultiver 20 arbustes à l'hectare. Le sol sera préparé ès l'automne afin qu'il puisse geler pendant l'hiver. Au printemps, le sol sera travaillé à la herse. : avant la plantation, on incorpore encore du compost. .nter des arbustes possédant au moins 5 à 7 pousses, de variétés différentes.	Épandre superficiellement 2 à 4 kg/m^2 de compost en fin d'automne et jusqu'en février au plus tard. Les pousses d'1 an seront raccourcies d'au moins la moitié de la longueur en gardant un œil extérieur.
Automne et début d'hiver.	Épandre du compost à la fin de l'hiver ou au début du printemps, en Lune descendante. Éviter la taille qui le rend sensible aux maladies cryptogamiques. Si taille, alors après la récolte, en jours-fruit de la Lune descendante de septembre. Pulvériser de la bouse de corne en mars et de la silice de corne avant floraison et 15 j. avant récolte.
	Éviter de biner dans un rayon de 30 cm autour du cœur du fraisier pour ne pas détruire les racines formées en fin d'hiver. Pulvériser la bouse de corne en mars et la silice de corne 15 j. avant récolte.
ıter au début du printemps. Prévoir 1,60 m entre les ngées. Planter 3 jeunes pousses par mètre linéaire. e fois planté, tailler à 50 cm et attacher les branches sur des fils de fer.	Apporter à la fin de l'automne tous les ans, 3 à 4 kg par m^2 de compost mûr. L'ajout de copeaux, d'écorces, d'aiguilles de conifères et de farine de corne est intéressant. Les variétés remontantes se taillent après la récolte en supprimant les extrémités ayant donné des fruits. En juillet, supprimer les rameaux qui ont fructifié en juin. Au début de l'hiver, supprimer le tiers supérieur des rameaux ayant fructifié à l'automne. Les variétés non remontantes se taillent en supprimant toutes les pousses ayant fructifié et qui commencent à dessécher. Conserver une tige tous les 10 cm. Pulvériser la bouse de corne en mars et la silice de corne 15 j. avant récolte.
Automne et début d'hiver. Un espace de 5 m de diamètre lui convient. Au jardin, lui réserver une place dans un angle ou au bout d'une parcelle.	Épandre du compost à la fin de l'hiver ou au début du printemps, en lune descendante. Tailler en Lune descendante et en jour-fruit juste avant la floraison, entre mi-février et mi-mars. Apporter de temps en temps un apport d'azote par le biais d'un compost pas trop vieux.
Automne et début d'hiver.	Épandre du compost à la fin de l'hiver ou au début du printemps, en Lune descendante. Tailler en jour-fruit, Lune descendante. Pulvériser de la bouse de corne en mars et de la silice de corne 15 J. avant récolte.
'lanter en jour-fruit. Compter 10 m d'espacement our les hautes tiges, 6 m pour les demi-tiges, 2 m pour les espaliers. Éliminer les gourmands. ller à ce que la lumière pénètre au centre de l'arbre en taillant si nécessaire.	Pour éviter le carpocapse, poser des bandes piège en carton ondulé autour du tronc mi-juin, qu'on retire et qu'on brûle mi-novembre. Contre la tavelure, traiter à la bouillie bordelaise, de l'oxychlorure de cuivre ou de la décoction de prêle avant floraison.
Compter 8 à 12 m d'espace par arbre, de 5 à 8 m pour les demi-tiges. Prévoir de fertiliser l'arbre durant les 5 à 6 sem. qui suivent la plantation : un bon seau de compost par an est bienvenu.	La taille se pratique de préférence en début d'hiver, en Lune descendante. Supprimer les branches basses, enlever les branches fruitières dont le diamètre concurrence celui de l'axe. Laisser la lumière pénétrer au centre de l'arbre. Quand les branches fruitières vieillissent, éliminer les organes floraux. Pulvériser de la bouse de corne en mars et de la silice de corne avant floraison et 15 j. avant récolte.

CRÉDITS

Monique Berger : 52 b, 58hd/md/bd, 64bd, 70hd, 82 bd, 94bg/md/bd, 112bg
Gaël Bichon : p. 21
Biosphoto : pp. 6, 8, 17, 44, 46hg, 46h/bd, 52hg/hd, 58hg/bg, 64hg/hd/bg/md, 70hg/b, 77hd, 76md/b, 82hg/hd/bg, 88hg/hd/md/b, 94hg/hd, 100hg/hd/md/b, 106h/bg/bd, 112g/hd
Soazig Cornu : pp. 24, 29bg/bd
Henri Dahan : p. 20
Laurent Dreyfus : pp. 19, 22, 25, 29 (hd, hg, mg), 34, 35, 38, 40, 42, 76hg
Églantine Kientz : p. 5
Bigi Möhrle : pp.3, 4
Élisabeth Pionstka : pp. 26, 29md, 30
Couverture : Shutterstock

33, rue du Faubourg Montmartre
75009 Paris
Tél. : 01 48 05 03 03
www.editions-ulmer.fr
Rejoignez-nous sur Facebook et Instagram

Illustrations : Guillaume Duprat
Réalisation : Camille Fouché
Relecture : Gauthier Baudoin
Impression : Printer Trento, srl

ISBN : 978-2-37922-253-5
N° d'édition : 253-01
Imprimé en Italie

FSC www.fsc.org MIXTE Papier issu de sources responsables FSC® C015829

Dépôt légal : août 2022